파워포인트 2016 완성

박철하 · 이경태 공저

Power Point

21세기사

머리말

급변하는 4차산업의 시대를 맞이하여 기업에서는 대학 졸업자들이 갖추어야할 필수적인 요소로 컴퓨터 활용 능력과 소통능력을 꼽고 있다. 기업이 요구하는 컴퓨터 활용 능력 중에서 대표적인 것은 기본적인 운영체제와 일상적인 사무행정을 위한 워드프로세서, 각종 통계나 회계업무를 위한 스프레드시트 도구로서 엑셀, 그리고 자신의 생각을 여러 사람들에게 전달 및 설득하는 프레젠테이션의 도구로서 파워포인드 등이 있다.

본 교재는 Microsoft Office 2016 소프트웨어 중에 사회에서 그 활용도가 높다고 평가되는 파워포인트의 사용법을 소개하고 프레젠테이션을 성공적으로 기획하고 진행할 수 있는 방법에 대해서 소개한다.

본 교재는 대학의 1학기 강의분량에 맞도록 구성하였다. 따라서 대학 1학년의 컴퓨터 활용 능력을 키워주는 교과목의 교재로 적절할 것이다. 특히, 각 주제별로 예제중심으로 구성하여 학습자 스스로 활용방법을 익힐 수 있도록 하였으며, 각 장의 연습문제에서 해당 주제를 복습할 수 있도록 하였으며 문제풀이 과정을 통해 응용력과 문제 해결능력을 키울 수 있도록 구성하였다.

이 책이 나오기까지 애써주신 21세기사 사장님과 직원분들게 감사를 표한다.

목 차

목 차

파워포인트 2016의 개요

① 파워포인트란?

Word가 문서작성을 위한 것이고 Excel이 수식 계산을 위한 것이라면 파워포인트는 강연이나 프레젠테이션(Presentation : PT)을 위한 도구이다.

프레젠테이션의 사전적 의미로는 "신제품·작품 등에 대한 발표(설명)를 의미하며, 통상 일반적인 사실이나 발표자의 생각, 주장 등을 비주얼한 자료를 이용하여 주어진 시간 내에 청중에게 설명하는 커뮤니케이션 방법"으로 정의할 수 있다. 파워포인트는 바로 이 프레젠테이션을 만드는 데 사용되는 시각적 그래픽 응용 프로그램이다.

청중에게 정보를 좀 더 정확하게 전달하거나 청중을 설득하기 위해서는 핵심만 간결하고 명확하게 전달할 수 있도록 슬라이드를 구성해야 한다.

파워포인트를 사용하면 텍스트, 도형, 그림, 그래프, 애니메이션, 차트, 비디오 등을 결합하는 슬라이드 쇼를 만들고, 보고, 발표할 수 있다.

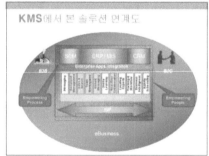

(파워포인트로 만든 프레젠테이션 자료의 예)

2 프레젠테이션이란?

프레젠테이션이란 자신이 가지고 있는 생각이나 의견을 제한된 시간 내에 효율적으로 다수의 청중에게 전달하는 모든 것 즉, 슬라이드와 유인물, 설명문, 개요를 하나의 파일로 집합시킨 형태를 일컫는다.

프레젠테이션은 각종 유인물, 그래픽 슬라이드, 메모, OHP 필름, 35mm Slide의 제작이나 제출용 보고서, 신제품 발표, 교육 자료, 광고 전단지, 홈페이지 제작 등에 유용하게 활용할 수 있다.

(1) 프레젠테이션의 목적

프레젠테이션의 목적은 문제를 제시하고, 그 문제에 대한 자신의 생각이나 해결방법을 제시함으로써 청중들이 그 해결법을 받아들이도록 이해시키고 설득하는 것이다. 따라서 프레젠테이션용 자료는 화려하고 역동적으로 구성하고, 요점이나 핵심을 청중들이 이해하기 쉽게 전달하는 것이 중요하다.

(2) 프레젠테이션의 특징

성공적인 프레젠테이션이 되기 위해서는 철저한 자료 준비를 필요로 하며, 일반 워드프로세서와 비교하여 프레젠테이션 자료는 다음과 같은 특징을 가지고 있다.

- 일반적으로 세로가 아닌 가로의 레이아웃을 가진다.
- 박스, 그림, 도표, 그래픽 등이 많이 사용된다.
- 중요한 포인트만을 강조하여 축약하여 작성된다.
- 컴퓨터를 이용하여 슬라이드 쇼 형식으로 보여줄 수 있다.

(3) 프레젠테이션의 구성 요소

① 텍스트

- 프레젠테이션은 짧은 시간에 정확한 메시지를 전달하여야하기 때문에 한 화면에 많은 텍스트 정보를 포함시키는 것은 좋지 않다.
- 폰트는 텍스트의 가독성에 영향을 미치므로 모두가 볼 수 있도록 충분히 커야하며, 자세한 내용보다는 요점이나 요약하여 구성한다.

② 그래픽

- 그래픽이나 도표를 사용하면 프레젠테이션의 효과를 극대화 할 수 있다. 즉, 주의를 집중시키고, 내용을 함축하여 쉽게 설득시킬 수 있다.
- 프레젠테이션에서는 일반적으로 그래픽 파일을 불러 들여와 사용하거나, 파워포인트 프로그램에서 기본적으로 제공되는 그래픽 편집 기능을 이용하여 직접 제작하여 사용한다.
- 가능하면 단순한 그림이나 도표를 제작한다.

③ 동영상

- 필요에 따라 미리 제작된 각종 멀티미디어 즉, 동영상이나 음향효과를 적절히 활용하면 프레젠테이션의 효과를 극대화 할 수 있다.

(4) 자료 준비

① 자료 수집

- 자료를 수집하기 위해서는 충분한 준비 기간을 가지고 자료를 분석하고 검토하여야 한다.

② 자료 분석

- 프레젠테이션의 동기를 유발한 자료의 분석에서부터 결론에 이르게 된 자료까지 체계적인 분석을 필요로 한다.

③ 자료 배열

- 프레젠테이션 제작을 위하여 수집, 분석한 자료들을 아래와 같은 순서로 체계적으로

배열한다.

- 제목, 발표자, 발표 일시 등을 포함한 표지를 작성한다.
- 발표 순서를 포함한 차례를 작성한다.
- 발표하고자 하는 본론, 비교, 분석을 포함한 요점을 작성한다.
- 발표하고자 하는 내용에 대한 결론을 작성한다.
- 참고 자료를 제시한다.

④ 자료 작성

- 발표 자료는 발표장소의 크기를 고려하여 작성한다.
- 텍스트 위주의 구성보다는 시선을 집중시킬 수 있도록 그림이나 표를 중심으로 구성한다.
- 발표를 위한 자료 이외에도 여러 가지 상황에 대처할 수 있는 자료를 준비함으로써 청중의 질문이나 보충설명에 이용한다.
- 주어진 발표시간에 따라서 프레젠테이션의 전체 구성이 달라져야 한다.
- 자신이 준비한 발표 자료로 미리 연습을 진행해봄으로써 발표시간을 적절히 조절해야 한다.

(5) 진행

- 첫 문장에서 말하고자 하는 내용을 간략하게 소개한다.
- 발표는 준비한 자료의 순서에 맞춰서 페이지 단위로 진행을 하며, 서론, 본론, 결론의 순으로 체계적으로 진행한다.
- 청중의 연령, 성별, 지위, 학력 등을 고려하여 청중의 이해력을 기준으로 설명한다.
- 발음은 정확하고 언어의 강약을 조절한다.
- 상황에 맞는 제스처를 사용하여 굳이 모든 표현을 말로만 할 필요는 없다.
- 발표 시간을 적절히 조절하여 청중이 지루함을 느끼지 않도록 하여야 한다.
- 발표시간이 길어지게 되면 청중들의 집중도가 떨어지므로 효과적인 발표를 위해서는 요점만 명확하게 발표하고 마치는 것이 좋다.
- 질문 규칙을 미리 알려준다.
- 발표 자료를 사전에 배포 시 집중도가 떨어지므로 나중에 배포한다.

3 파워포인트 2016의 새로운 기능

3.1 스마트 조회(Smart Lookup)

스마트 조회 기능은 파워포인트에서 벗어나거나 기타 웹브라우저를 이용하여 검색을 하지 않고서도 단어의 정확한 정의를 찾을 수 있도록 도와주는 역할을 합니다. 스마트 조회 기능은 마이크로소프트 검색 엔진인 Bing(http://www.bing.com)을 기반으로 하고 있습니다.

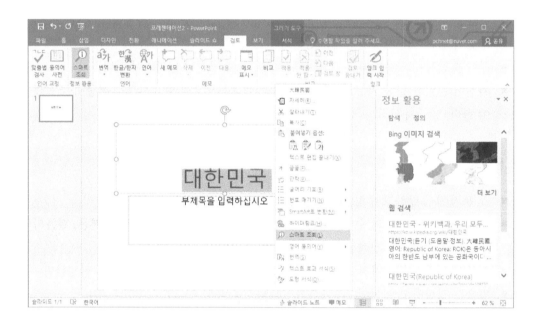

- 검색하고자 하는 단어나 짧은 구를 선택한 다음 마우스의 오른쪽 버튼을 클릭 [스마트 조회] 도구를 선택하면 됩니다.
- 검색하고자 하는 단어나 짧은 구를 선택한 후 [검토] 탭 – 〈정보 활용〉 그룹의 [스마트 조회] 도구를 선택해도 사용할 수 있습니다.

3.2 ▬ 실시간 협업 기능

파워포인트 2016 버전에는 리본메뉴 우측 상단 사용자 계정의 오른쪽에 '공유' 기능이 추가
되었습니다.

'공유'를 클릭하면 파워포인트 오른쪽에 [공유] 작업 창이 표시됩니다. 파워포인트 파일을 공
유하기 위해서는 마이크로소프트 클라우드인 OneDrive에 해당 파일이 먼저 저장되어야 합
니다.

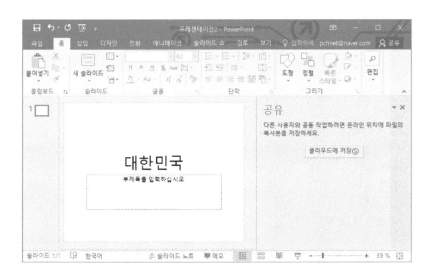

3.3 파워포인트를 동영상으로 내보내기

Office 2016 파워포인트 에서는 동영상을 만들 수 있는데요 프레젠테이션을 자동으로 재생할 수 있도록 설정하고 비디오로 저장하면 동영상을 만들 수 있습니다.

자동 재생 프레젠테이션에 녹음 기능을 사용하면 전체를 녹화하여 비디오로도 만들 수 있어요!

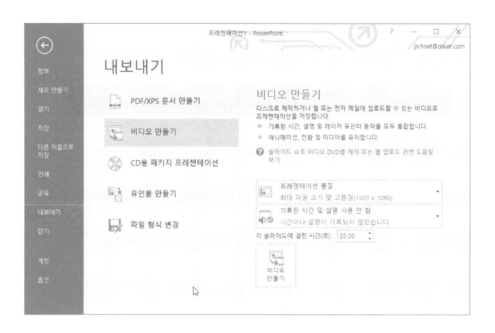

3.4 ▪ 파워포인트 온라인 그림 삽입 가능!

온라인 그림 삽입 버튼을 통해 다양한 이미지를 넣을 수 있다는 사실 bing에서 제공하는 다양한 이미지 첨부가 가능해졌습니다.

삽입 기능에서 온라인 픽쳐라는 메뉴가 있는데요 인터넷 이미지(bing)를 불러 올 수 있습니다. 이미지를 캡쳐하고 자르고 붙어넣어야 하는 번거로움이 사라졌다고 볼 수 있겠네요!

15

3.5■ 새로운 차트 기능 추가!

보다 직관적이면서 효과적인 데이터 시각화를 위한 5가지 새로운 차트 추가로 훨씬 사용도가 높아졌습니다.

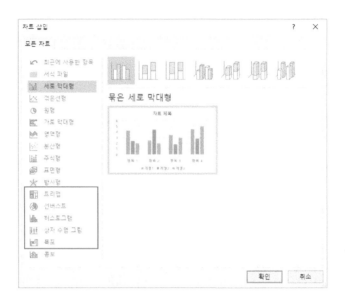

트리맵, 선버스트, 히스토그램, 상자 수염, 폭포 기능이 추가되어 시각적으로 완성도 높은 PPT 문서를 만들 수 있고 그만큼 활용도가 높아졌습니다.

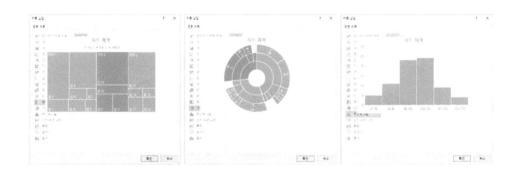

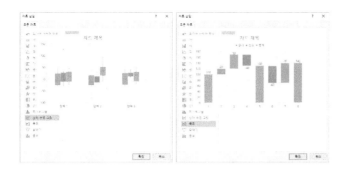

3.6 설명 기능

파워포인트 등을 활용하다 보면 가끔 궁금한 것들이 생기잖아요~~ 그럴 땐 [Tell Me] 기능으로 궁금증을 해결해볼 수 있어요~

텔미는 마이크로소프트의 빙 검색이나 구글 검색과 같은 자연어 검색 창이다. 이제 파워포인트 온라인 화면 상위 중앙 리본에도 '검색 항목을 입력하세요'라고 표시되는 검색어 입력창이 표시된다. 사용자가 찾아볼 내용을 검색하면, 관련된 명령어가 제시된다. 이 검색창은 사용자가 탭을 전환해도 유지되며, Alt + Q 를 사용하면, 사용자의 커서가 텔미 검색창으로 옮겨진다.

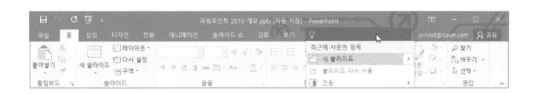

사용자가 단어를 입력하는 대로 텔미 기능은 곧바로 관련 명령어를 자동 추천한다. 사용자가 실행하려는 설정이나 요구 사항의 명령어를 잊어버려도 애써 기억해내지 않아도 된다. 또 간단히 도움말을 입력하거나 검색어 표시 창 아래 관련 팁 및 자료 참조 링크를 열어 도움말을 참고할 수도 있다.

3.7■ 수식 기능을 손 글씨로 입력 가능 (잉크 수식)

파워포인트 2016버전과 파워포인트 2016 버전의 수식 입력 기능에서 눈에 띄게 달라진 부분은 새롭게 추가된 [잉크 수식] 기능입니다.

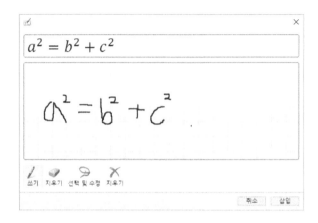

[잉크 수식] 기능은 복잡한 수식을 손으로 직접 입력하면 자동으로 문자를 인식해서 파워포인트에 삽입됩니다. 인식이 제대로 되지 않는 경우에는 입력한 부분을 선택하여 수정할 수도 있습니다. 이 기능은 터치가 지원되는 노트북 또는 태블릿 사용자들에게는 작업 속도를 높일 수 있습니다.

3.8■ 투명 도형 스타일

파워포인트 작업 시에 도형 개체를 투명하게 만들어 사용하는 경우가 많습니다. 제가 주로 사용하는 투명 개체 도형은 배경 이미지에서 텍스트의 가독성을 높이고자 할 때입니다.

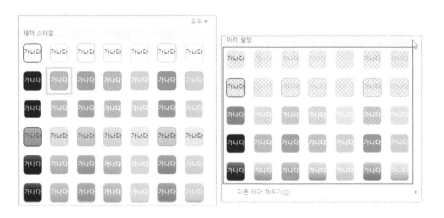

3.9 펜 그리기 메뉴

파워포인트 2016 [잉크도구]-[펜]이 리본 메뉴로 추가된 까닭은 태블릿 등 모바일 장치 및 터치 모드 지원되는 장치가 대세이기 때문이라 생각된다.

[펜]-[잉크 아트] 리본 메뉴의 [도형으로 변환] 기능을 이용하면 기본 도형 즉, 사각형, 삼각형, 원 등을 펜으로 쉽고 빠르게 그릴 수 있습니다. 단, 별 도형과 같은 복잡한 도형의 경우 [도형으로 변환]이 지원되지 않습니다. 그리고 그리기 전용 태블릿 도구 등, 전용 펜을 제공하는 장치를 사용하는 경우에는 [그리기] 도구에서 필압 기능도 제공하여 입력하는 펜 압력에 따라 선 굵기도 조절이 가능하다고 합니다.

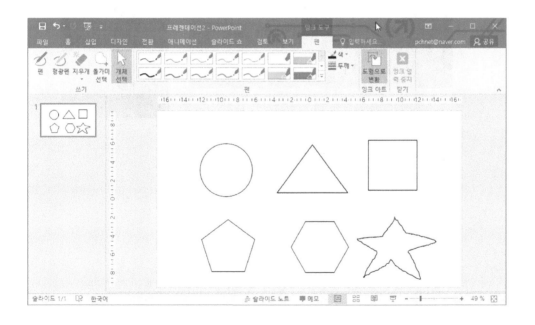

3.10 디자인 아이디어

슬라이드에 일정 크기 (가로 200 세로 200 픽셀) 이상의 그림을 삽입하면 화면의 오른쪽에
[디자인 아이디어]창이 자동으로 나타나요. 여기에는 다양한 형태의 디자인 아이디어가 나
타나며 원하시는 디자인을 선택하면 바로 적용된 디자인으로 레이아웃이 나타나요. 아래
에는 슬라이드를 선택했을 때 나타난 디자인들입니다.

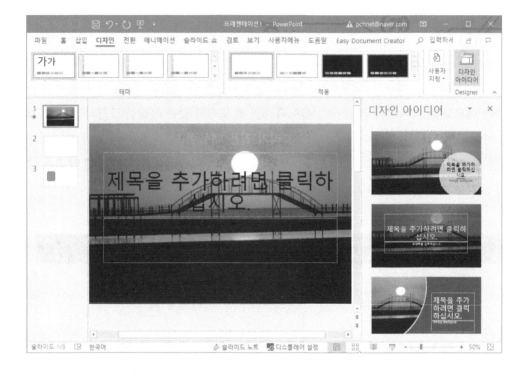

3.11 모핑 화면전환

개인적으로 제일 맘에 드는 모핑 효과. 모핑은 두 개 이상의 공통된 개체들 간의 원할한 애니메이션 지정과 전환, 개체 이동을 손쉽게 만들 수 있는 화면전환효과입니다.

파워포인트 2016의 화면구성

4.1 ▃ 파워포인트 2016 화면구성

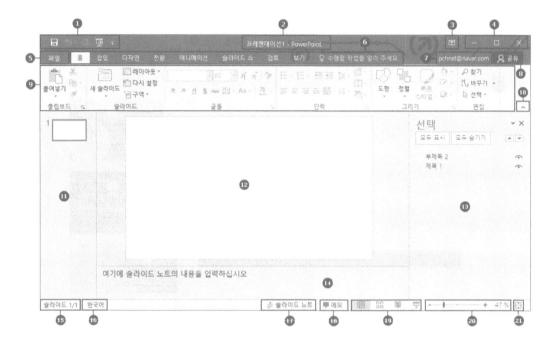

❶ **빠른 실행 도구** : 메뉴에서 자주 실행하는 것을 모아 놓은 곳으로 클릭 한번으로 특정 기능을 수행하는 버튼을 모아 놓은 곳이다. 빠른 실행 도구 모음 사용자 지정을 사용하여 추가 또는 삭제 할 수 있다.

❷ **제목 표시줄** : 현재 열려 있는 문서의 파일명을 표시한다.

❸ **리본메뉴 표시 옵션** : 리본메뉴의 표시형태를 리본메뉴 자동 숨기기, 탭 표시, 탭 및 명령 표시 중 하나를 선택한다.

❹ **최소화, 최대화, 닫기** : 작업창의 최소화, 전체화면으로 표시를 하는 최대화, 파일을 종료하는 닫기를 수행한다.

❺ **파일 탭** : 파일 탭을 클릭하면 Microsoft Office Backstage 보기를 볼 수 있다. Backstage 보기는 숨겨진 메타데이터 또는 개인 정보 만들기, 역기, 저장, 인쇄, 검사 및 옵션 설정 작업을 수행할 수 있는 파일 및 파일에 대한 데이터를 관리하는 공간이다. 간단하게 말하면 파일에서 수행하지는 않지만 파일에 대해 수행하는 모든 작업을 의미한다.

❻ **기본 탭** : 파워포인트의 기능들을 종류별로 모아 리본메뉴에 탭으로 선택하도록 한다.

❼ **로그인 사용자** : Office 2016에 로그인한 사용자 계정을 보여준다.

❽ **공유** : 이 문서에 사용 중인 사용자를 보고 공유옵션을 가져온다.

❾ **리본 메뉴** : 파일, 홈, 삽입, 디자인, 전환, 애니메이션, 슬라이드 쇼, 검토, 보기 탭이 있으며 해당 탭을 선택하면 명령어 집합이 나타난다. 단 몇 번의 클릭으로 원하는 명령어를 실행할 수 있다.

❿ **리본 메뉴 최소화 버튼** : 리본 메뉴 최소화 버튼을 이용하여 화면에 리본 메뉴를 감추는 기능을 한다.

⓫ **미리보기 창** : 작성한 각 슬라이드에 입력되어 있는 전체적인 모양을 확인하거나 할 수 있는 슬라이드 화면을 섬네일로 표시한다. 사용자는 슬라이드를 붙여 넣거나 순서를 정하는 등의 전체 슬라이드 편집을 빠르게 수행할 수 있다.

⓬ **작업창** : 제목 개체 틀, 내용 개체 틀을 이용하여 다양한 슬라이드 문서를 만드는 작업창이다.

⓭ **옵션 창** : 선택하는 기능에 따라 다양한 옵션 창이 슬라이드 편집화면 오른쪽에 나타난다.

⓮ **슬라이드 노트 창** : 프레젠테이션을 진행할 때 청중에게 발표할 슬라이드에 대한 시나리오나 간단한 설명 등을 텍스트로 입력하는 창이다.

⓯ **슬라이드 번호** : 선택된 슬라이드의 번호와 전체 슬라이드의 수를 나타낸다.

⓰ **사용언어** : 현재 선택된 텍스트 입력 언어를 표시한다.

⓱ **메모 보기** : 슬라이드에 관한 내용을 여러 사람들과 함께 의견을 나눌 수 있는 메모를 새로 만들거나 연락처를 추가하여 여러 사람들과 의견을 나눌 수 있는 메모 창을 화면에 나타낸다.

⓲ **슬라이드 노트 보기** : 슬라이드 노트 창을 화면에 나타낸다.

⓳ **페이지 보기** : 프레젠테이션의 화면 표시상태를 변경하는 단추이며, 기본 보기, 여러 슬라이드 보기, 읽기용 보기, 슬라이드 쇼 등을 선택할 수 있다.

⓴ **줌 컨트롤** : 워크시트를 확대, 축소한다.

㉑ **현재 창 크기에 맞춤** : 슬라이드를 현재 창 크기에 맞춘다.

4.2 ▄ 슬라이드 화면의 4가지 작업영역

(1) 개요 창

개요 창은 슬라이드 텍스트를 개요 형식으로 보여준다. 개요 창은 빠르게 내용을 요약, 정리할 수 있는 반면 텍스트 이외의 그래픽이나 애니메이션 등을 표시하지 않는다. 페이지 보기 메뉴에서 기본 단추를 클릭하여 열 수 있다.

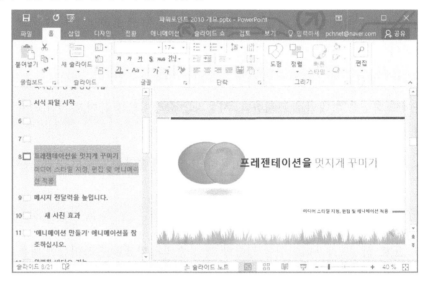

(2) 슬라이드 미리보기 창

슬라이드를 축소판 그림으로 표시한다. 축소판 그림을 사용하면 쉽게 슬라이드의 구성을 확인할 수 있고, 슬라이드를 정렬할 수 있다.

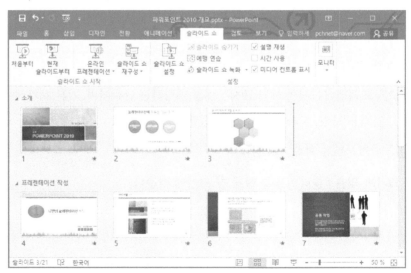

(3) 슬라이드 편집 창

파워포인트 기본 화면으로 슬라이드 작업이 이루어지는 공간으로 텍스트 및 다양한 멀티미디어 개체나 특수 효과들을 삽입할 수 있다.

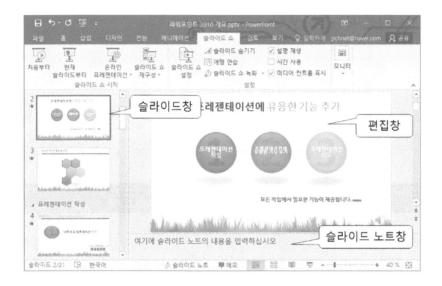

(4) 슬라이드 노트 창

슬라이드 편집화면 아래에 위치하며 현재 슬라이드와 관련된 내용을 입력할 수 있는 창으로 노트 창에 입력하는 내용은 슬라이드 쇼를 진행할 때에는 나타나지 않는다.

5 리본 메뉴 사용법

5.1 리본메뉴의 구성

(1) 홈 탭

홈 탭에서는 새 슬라이드를 삽입하거나, 개체를 함께 그룹화하거나, 슬라이드의 텍스트에 서식을 지정할 수 있다.

(2) 삽입 탭

삽입 탭에서는 표, 도형, 차트, 머리글 또는 바닥글을 프레젠테이션에 삽입할 수 있다.

(3) 디자인 탭

디자인 탭에서는 프레젠테이션의 배경, 테마 디자인 및 색, 페이지 설정 등을 사용자 지정할 수 있다.

(4) 전환 탭

전환 탭에서는 현재 슬라이드에서 전환을 적용, 변경 또는 제거할 수 있다.

(5) 애니메이션 탭

애니메이션 탭에서는 슬라이드의 개체에 애니메이션을 적용하거나 애니메이션을 변경 또는 제거할 수 있다.

(6) 슬라이드 쇼 탭

슬라이드 쇼 탭에서는 슬라이드 쇼를 시작하거나, 슬라이드 쇼의 설정을 사용자 지정하거나, 개별 슬라이드를 숨길 수 있다.

(7) 검토 탭

검토 탭에서는 맞춤법을 검사하거나, 프레젠테이션의 언어를 변경하거나, 현재 프레젠테이션의 변경 내용을 다른 프레젠테이션과 비교할 수 있다.

(8) 보기 탭

보기 탭에서는 슬라이드 마스터, 슬라이드 노트 마스터 및 여러 슬라이드를 볼 수 있다. 또한 눈금자, 눈금선 및 그리기 지침을 설정 또는 해제할 수 있다.

5.2 리본메뉴의 도구 탭

파워포인트의 몇 가지 명령을 선택하면 도구 탭이라는 메뉴가 확장되어 나타난다. 예를 들어 슬라이드 편집화면에 사진을 삽입하면 존재하지 않던 [그림 도구] 탭이 표시된다.

(1) 그림 도구

사진이나 그림을 선택하면 나타나는 탭으로 그림 테두리, 효과, 레이아웃 등 다양한 그림관련 기능을 사용할 수 있다.

(2) 그리기 도구

도형을 선택하면 나타나는 탭으로 도형 스타일, WordArt 스타일 등 다양한 그리기관련 기능을 사용할 수 있다.

(3) SmartArt 도구

SmartArt를 선택하면 나타나는 탭으로 레이아웃과 SmartArt 스타일 등 다양한 그리기관련
기능을 사용할 수 있다.

(4) 표 도구

표를 선택하면 나타나는 탭으로 표의 스타일과 테두리 설정 및 표의 편집 기능을 사용할 수 있다.

(5) 차트 도구

차트와 관련된 기능을 선택하면 나타나는 탭으로 차트 레이아웃, 차트 스타일 등을 이용하
여 빠른 차트 완성을 돕는다. 또한 데이터의 선택 및 편집이 가능하다.

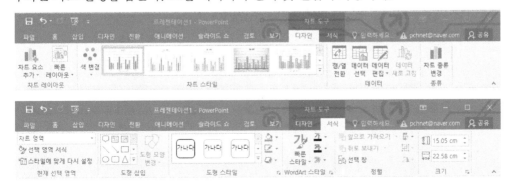

(6) 수식 도구

슬라이드에 다양한 수식을 입력하기 위해 준비된 메뉴로 수식을 선택하면 나타나며, 키보드로 입력하기 힘든 기호나 수학식 구조들을 이용하여 수식을 입력하는데 사용되는 탭이다.

(7) 비디오 도구

비디오와 관련된 기능을 선택하면 나타나는 탭으로 간단한 비디오 편집, 비디오 옵션, 비디오 스타일 등 다양한 비디오관련 기능을 사용할 수 있다.

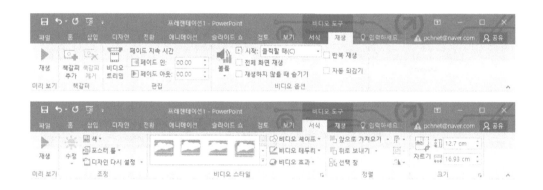

(8) 오디오 도구

오디오와 관련된 기능을 선택하면 나타나는 탭으로 간단한 오디오 편집, 오디오 옵션, 오디오 스타일 등 다양한 오디오관련 기능을 사용할 수 있다.

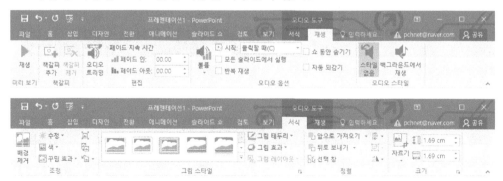

5.2 리본 메뉴 사용법

(1) 리본 메뉴 조절하기

리본 메뉴의 우측 상단에 있는 [리본 메뉴 축소] 키(ᐱ)를 클릭하면 리본에 탭 이름만 표시되고 하부의 명령어들이 감춰지므로 화면을 넓게 사용할 수 있다. 그리고 다시 표시하기 위해서는 [리본 메뉴 표시 옵션(⊞)]-[탭 및 명령 표시]를 선택하면 된다. 키보드에서는 ⎡Ctrl⎤ + ⎡F1⎤ 키를 누를 때 마다 최소화와 확장이 반복된다.

(2) 리본 명령 사용하기

빠른 스타일 탭을 클릭하면 하부에 기본 명령어 [여백]이 있고 그 아래 확장 화살표(▾)가 있다. 확장 화살표는 세부 명령어가 있는 경우에 나타난다. 즉, 위를 클릭하면 기본 명령어가 실행되고 아래를 클릭하면 세부 명령을 선택할 수 있다.

(3) [옵션] 대화상자 표시하기

[홈]-[글꼴] 그룹에 있는 옵션 버튼(⌐)을 클릭하면 글꼴 창이 표시되며 이 대화상자 창을 이용하여 세밀한 편집을 할 수 있다.

(4) [옵션] 창 표시하기

그리기 개체를 선택한 후 [그리기 도구]-[서식] 도구 탭의 [도형 스타일] 그룹의 옵션 버튼(⌐)을 클릭하면 슬라이드 편집화면의 오른쪽에 [도형 서식] 창이 나타난다.

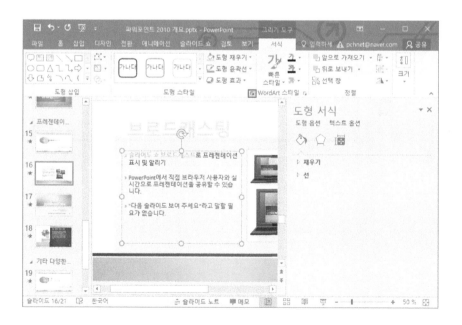

(5) 키보드를 이용한 리본 메뉴 사용

선택키를 사용하면 현재 실행하고 있는 프로그램에 관계없이 몇 번의 키 입력을 통해 빠르게 명령을 실행할 수 있다. 선택키를 통해 Office Fluent 리본 메뉴를 사용하는 프로그램의 모든 명령에 액세스할 수 있다. 일반적으로 2번에서 4번 정도의 키 입력을 통해 대부분의 명령에 액세스할 수 있다.

- Alt 키를 눌렀다 놓다. 현재 보기에서 사용할 수 있는 각 기능 위에 키 설명이 표시된다.

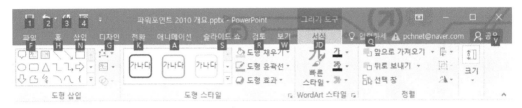

- 사용할 기능 위의 키 설명에 표시된 문자를 누른다.
- 어떤 문자를 눌렀는지에 따라 추가 키 설명이 표시될 수도 있다. 예를 들어 [홈] 탭이 활성화된 상태에서 S 키를 누르면 [슬라이드 쇼] 탭과 해당 탭의 그룹에 대한 키 설명이 표시된다.

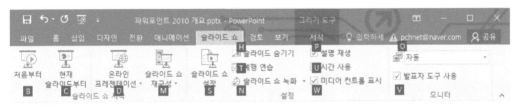

- 사용할 특정 명령 또는 옵션의 문자가 나올 때까지 문자를 계속 누른다. 경우에 따라서는 원하는 명령이 포함된 그룹의 문자를 먼저 눌러야 할 수도 있다. 현재 작업을 취소하고 키 설명을 숨기려면 Alt 키를 한 번 누른다.

6. 파워포인트의 사용 환경 설정

(1) 사용 환경 설정

파워포인트 2016은 사용자에게 적합하도록 기본 환경을 다양하게 설정할 수 있는 옵션을 제공한다.

■ [파일]-[옵션]을 클릭한다.

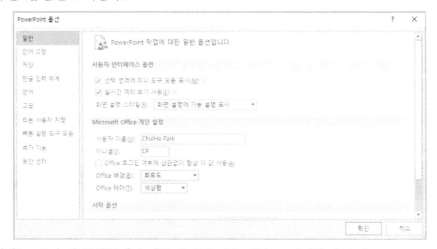

■ [일반] 그룹의 색 구성표에서 기본 은색을 다른 색으로 지정하여 보자.
■ 수식, 언어 교정, 저장, 언어, 고급 등 다양한 옵션을 변경하여 보자.

(2) 인트로 페이지 감추기

파워포인트 2016 이상 버전을 사용하는 경우 파워포인트를 열면 슬라이드 테마를 선택할 수 있는 인트로 페이지가 표시된다. 파워포인트 2016에서는 인트로 페이지를 없이 시작화면을 바로 나타나게 설정하는 것이 가능하다.

- [파일]-[옵션]을 클릭한다.

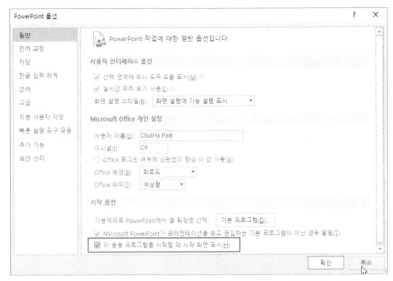

- [일반] 항목에서 [시작 옵션]의 "이 응용 프로그램을 시작할 때 시작 화면 표시(H)"의 체크
  를 해제한다.

(3) 자동으로 맞춤법 검사

텍스트를 입력할 때 자동으로 맞춤법 검사를 실시간으로 실행할 수 있다. 잘못된 텍스트는
빨간색의 경고줄이 표시된다.

- [파일]-[옵션]을 클릭한다.

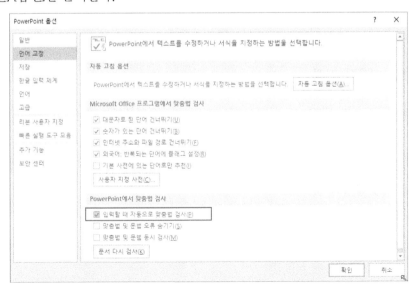

- [언어 교정] 항목에서 [PowerPoint에서 맞춤법 검사]의 "입력할 때 자동으로 맞춤법 검사 (P)"의 체크를 한다.

(4) 자동 저장 시간 지정하기

파워포인트 작업도중에 예기치 않은 이유로 프로그램이 종료되어 작업한 데이터를 모두 잃어버리는 경우가 흔히 있다. 이러한 불상사를 막기 위해 작업중인 데이터를 자동으로 저장하는 기능이 있다. 그리고 작업 데이터의 저장 시간은 사용자가 설정할 수 있도록 하였다.

- [파일]-[옵션]을 클릭한다.

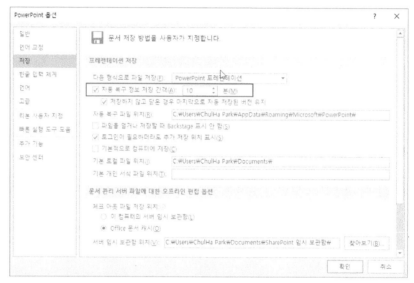

- [저장] 항목에서 [프레젠테이션 저장]의 "자동 복구 정보 저장 간격(A)"의 시간을 조정한다.

(5) 리본 메뉴 사용자 지정

사용자 지정 기능을 사용하면 Microsoft Office Fluent 사용자 인터페이스의 일부인 리본 메뉴를 원하는 방식으로 개인 설정할 수 있다. 그러나 사용자 지정 그룹에 명령을 추가할 수 있지만 Microsoft Office 2016에 기본적으로 제공되는 기본 탭 및 그룹은 변경할 수 없다.
- [파일]-[옵션]을 클릭한다.
- [리본 사용자 지정]을 클릭한다.

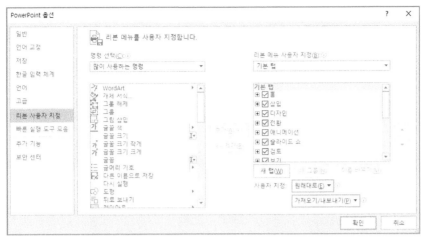

- [새 탭] / [새 그룹] / [이름 바꾸기] 중 어느 하나를 클릭한다.
- 사용자 지정 결과를 보고 저장하거나 저장된 사용자 지정 결과를 가져와 현재의 파워포인트 리본 메뉴 구성을 변경하려면 [가져오기/내보내기] 키를 클릭한다.

(6) 빠른 실행 도구 모음에 추가/삭제하기

- 빠른 실행 도구 모음에 추가/삭제하기 위해서는 화면의 좌측 상단의 빠른 [실행 도구 모음 사용자 지정] 키(🔽)를 클릭하면 [빠른 실행 도구 모음 사용자 지정] 선택창이 열리고 원하는 항목을 선택하면 된다.

- 원하는 항목이 빠른 실행 도구 모음 사용자 지정 창에 나타나지 않은 경우는 [기타 명령]을 선택하면 파워포인트 [옵션] 창이 나타나고 [빠른 실행 도구 모음]을 선택하면 파워포인트의 모든 명령어가 나열되므로 원하는 명령을 선택하여 추가하면 된다.

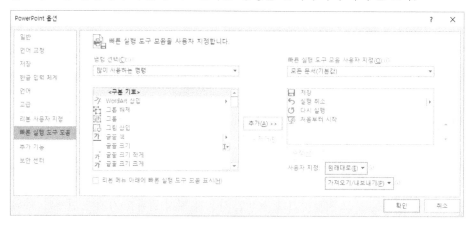

(7) 눈금자 사용하기

- 슬라이드 영역에서 마우스 오른쪽 버튼을 클릭하고 [눈금자]를 선택한다.
- 슬라이드 외곽에 [눈금자]가 나타난다.

- 슬라이드 영역에서 마우스 오른쪽 버튼을 클릭하고 [눈금 및 안내선]을 선택하고 나타난 대화상자에서 [맞추기]와 [눈금 설정] 체크한다.

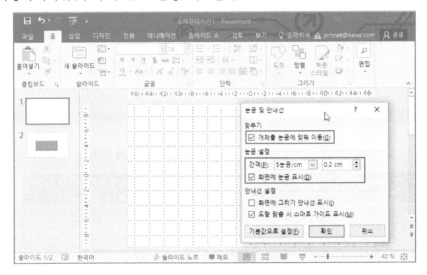

- 화면에 점선으로 눈금이 표시되고, 도형이 눈금에 맞춰 그려지거나 이동하는 것을 확인 한다.

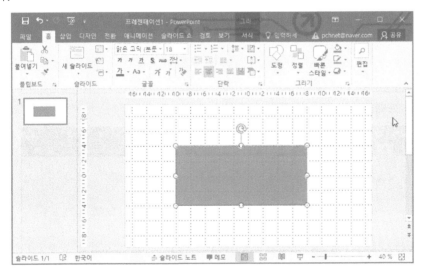

(8) 안내선 사용하기

- 슬라이드 영역에서 마우스 오른쪽 버튼을 클릭하고 [눈금 및 안내선]-[안내선]을 선택한다.

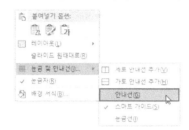

- 안내선이 나타난다. 안내선으로 도형의 외곽을 지정하기 위해 도형을 입력한다.

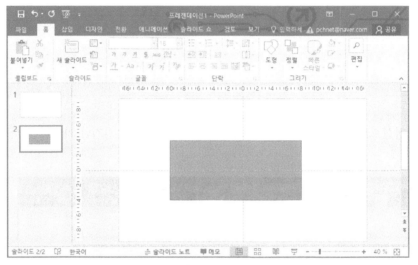

- 안내선을 드래그하여 도형의 외곽에 맞춘다.

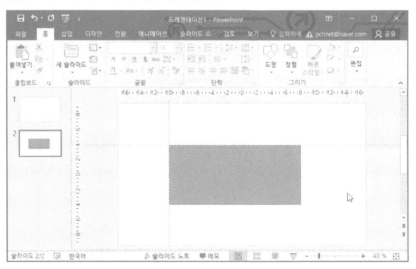

- [눈금 및 안내선]에서 [세로 안내선 추가]를 선택한다.

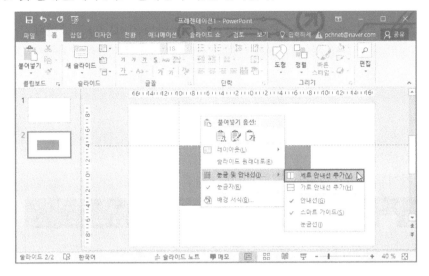

- [가로 안내선 추가]를 하고 각각을 도형의 외곽에 맞춘다.

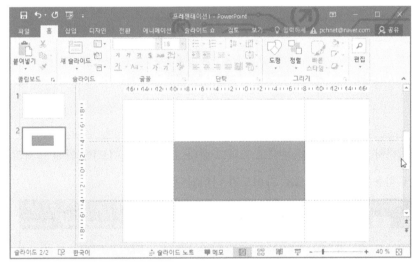

- 안내선을 슬라이드 가장자리로 이동하면 안내선이 사라진다.

(9) 스마트 가이드 사용하기

- 마우스 오른쪽 버튼을 클릭하고 [눈금 및 안내선]-[스마트 가이드]를 선택한다.

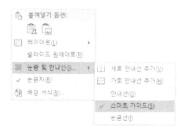

- [스마트 가이드]가 활성화된 상태에서 도형 하나를 추가한다.

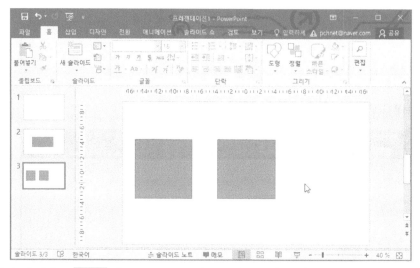

- 도형을 선택하고 ⌜Ctrl⌟ 키를 누르고 드래그 한다. [스마트 가이드]에 의해 개체의 간격이 동일하게 적용되도록 자동으로 가이드가 나타난다.

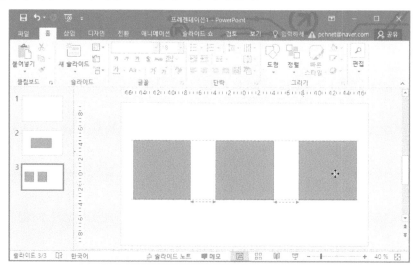

(10) 사용자 로그인 하기

윈도우 8 이상의 사용자는 파워포인트에 자동으로 로그인되어있다. 만일, 로그인되어 있지 않으면 로그인을 통해 계정을 편하게 사용하고 클라우드 저장공간에 자유로운 접근이 가능하다.

■ [파일]-[계정]을 클릭한다.

■ [로그인]을 클릭하면 나타나는 로그인 창에 사용자의 전자메일을 입력하고 [다음]을 클릭한다.

■ 암호 입력 창에 암호를 입력하고 [로그인]을 클릭한다.

- [파일]-[계정] 창에 사용자 정보가 나타나고 "연결된 서비스"에 OneDrive 온라인 서비스가 나타난다.

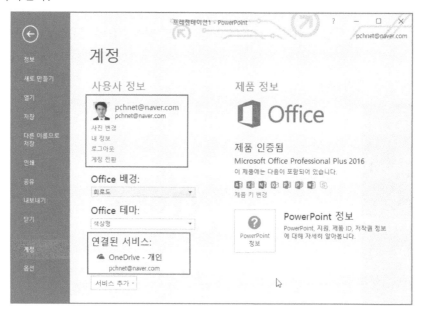

- "오피스 배경 : 회로도"를 선택하여 배경 이미지를 변경한다..

02

파워포인트 2016
기본 활용

파워포인트의 기본 사용법

(1) 파워포인트 실행하기

■ 파워포인트를 실행([시작]-[모든 프로그램]-[PowerPoint 2016])하면 아래와 같은 화면이 나타난다.

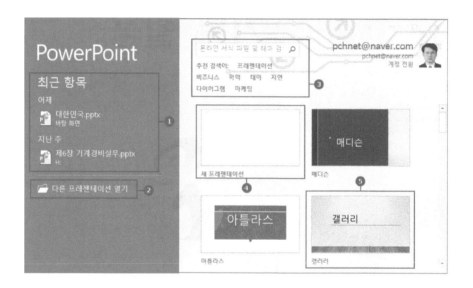

❶ **최근에 사용한 항목** : 가장 최근에 열어본 슬라이드 파일부터 차례대로 사용했던 슬라이드 파일이 표시된다.

❷ **다른 프레젠테이션 열기** : 컴퓨터나 OneDrive에 저장된 프레젠테이션 목록을 연다.

❸ **온라인 서식 파일 및 테마 검색** : Office.com의 다양한 온라인 서식파일 및 테마를 검색한다.

❹ **새 프레젠테이션** : 서식이 지정되지 않은 프레젠테이션이 시작된다.

❺ **사용자 지정** : 사용자가 직접 만들거나 지정한 사용자 서식파일이 표시된다.

(2) 새 프레젠테이션 만들기

① 파워포인트를 시작하여 새로운 프레젠테이션을 만들려면 메뉴표시 줄에서 [파일]-[새로 만들기]를 선택하고 [새 프레젠테이션]을 더블클릭하면 새 프레젠테이션이 만들어 진다.

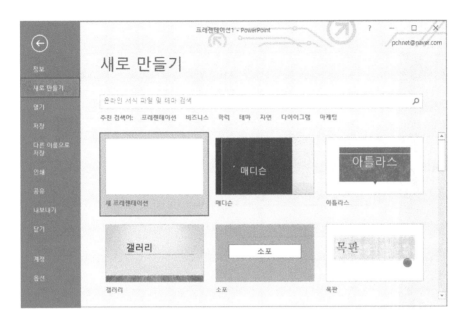

② 파워포인트를 실행하면 기본적으로 새로운 문서가 만들어지고 첫 번째 슬라이드가 제목 슬라이드 레이아웃으로 표시된다. 이 상태에서 표시된 빈 문서에 바로 작업을 진행하면 된다.

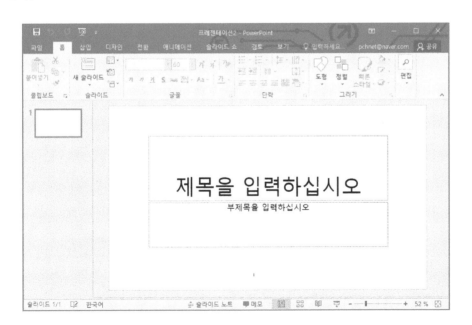

(3) 프레젠테이션 파일 불러오기

저장해둔 파일의 수정이나 편집이 필요할 경우 먼저 해당 파일을 열어야 한다.

① 파일을 여는 방법에는 메뉴 표시 줄에서 [파일]-[열기]-[문서]를 클릭하거나, [파일]-[열기]-[찾아보기]를 클릭한다.

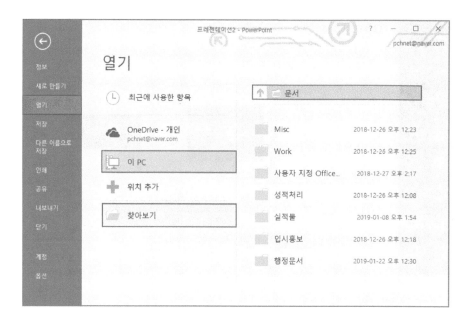

② 다음과 같은 대화상자가 나타나면 찾는 위치를 지정하고 열고자하는 파일을 선택한 후 [열기] 버튼을 클릭한다.

③ 기본적으로 파워포인트 2016에서는 열기 대화상자에 파워포인트 프레젠테이션만 표시
된다. 다른 종류의 파일을 보려면 모든 파워포인트 프레젠테이션을 클릭하고 보려는 파
일 형식을 선택한다.

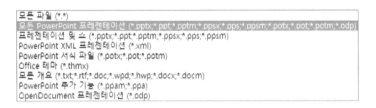

(4) 새 슬라이드 삽입

① 프레젠테이션에 새 슬라이드를 삽입하려면 [홈]-[슬라이드] 그룹에서 [새 슬라이드] 아래
의 화살표를 클릭한 다음 나타난 선택창에서 원하는 슬라이드 레이아웃을 클릭한다.

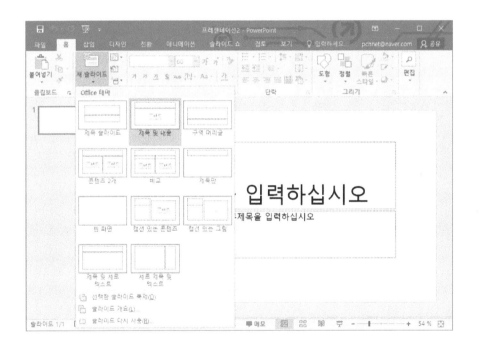

(5) 슬라이드 쇼 보기

① 슬라이드 쇼 보기에서 첫 번째 슬라이드부터 프레젠테이션을 보려면 [슬라이드 쇼]-[슬라이드 쇼 시작] 그룹에서 [처음부터] 혹은 [현재 슬라이드부터]를 클릭하거나 단축키인 F5 를 눌러 진행할 수 있다.

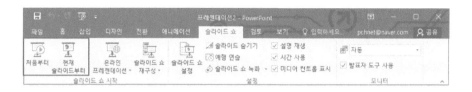

② [슬라이드 쇼]-[설정] 그룹에서 [슬라이드 쇼 설정]을 클릭하면 [쇼 설정] 대화상자가 나타난다. 여기에서 다양한 슬라이드 쇼에 대한 설정을 변경할 수 있다.

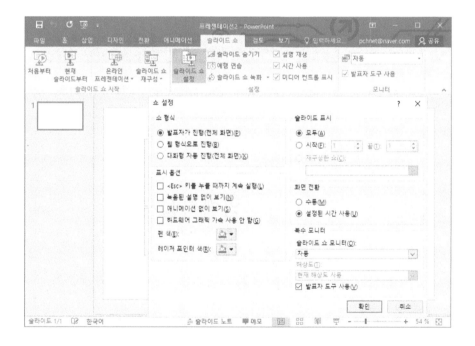

(6) 프레젠테이션 인쇄

프레젠테이션의 슬라이드를 인쇄하려면 다음을 실행한다.

① 파일 탭을 클릭한 다음 인쇄를 클릭한다.

② 인쇄 대상에서 다음 중 하나를 실행한다.

- 모든 슬라이드를 인쇄하려면 모두를 클릭한다.
- 현재 표시된 슬라이드만 인쇄하려면 현재 슬라이드를 클릭한다.
- 번호별로 특정 슬라이드를 인쇄하려면 슬라이드 범위 지정을 클릭한 다음 개별 슬라이드 목록이나 범위 또는 둘 다를 입력한다.

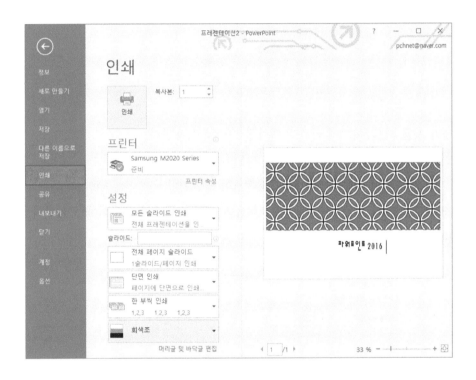

문서작성의 기본

(1) 클립보드 사용하기

슬라이드를 작성할 때 주제에 관한 많은 정보들을 인터넷을 통해 얻는 것이 가능하다. 그리고 인터넷 정보들은 [클립보드]-[붙여넣기]를 사용하면 슬라이드의 빠른 편집이 가능하다.

❶ **대상 테마 사용** : 슬라이드에 적용된 테마를 그대로 사용한다.

❷ **대상 스타일 사용** : 슬라이드에 적용된 스타일을 그대로 사용한다.

❸ **그림** : 가져올 문서의 내용이 그림으로 변환되어 포함된다.

❹ **텍스트만 유지** : 가져올 문서에 적용된 서식을 제외하고 텍스트만 문서에 포함한다.

❺ **선택하여 붙여넣기(S)** : [선택하여 붙여넣기] 대화상자를 나타낸다.

① 인터넷 브라우져 내의 일부분을 마우스를 드래그하여 선택하고, ⎡Ctrl⎤ + ⎡C⎤ 를 통해 복사한다.

② [홈]-[클립보드] 그룹에서 [붙여넣기]-[원본 서식 유지(K)]를 선택한다.
③ [홈]-[클립보드] 그룹에서 [붙여넣기]-[텍스트만 유지(T)]를 선택한다.

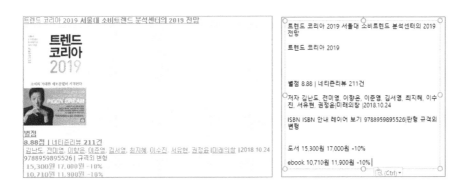

(2) 서식 복사 기능

서식 복사 기능은 특정 개체에 적용된 서식(색, 폰트, 크기, 효과 등)을 복사해서 다른 개체에 그 서식을 그대로 적용시키는 기능이다.

① 아래와 같이 두 개의 텍스트 상자를 입력한다.

② 특정 서식이 지정된 텍스트 상자를 선택하고 [홈]-[클립보드] 그룹에서 [서식 복사]를 선택한다.

③ 선택된 개체에서 서식부분만 클립보드에 복사되고 마우스 포인터는 붓 모양으로 변경된다.

④ 붓 모양으로 변경된 마우스 포인터로 다른 텍스트 상자를 클릭하면 복사된 서식이 적용된다.

파워포인트 2016

(3) 리본메뉴와 마우스 오른쪽 메뉴의 관계

파워포인트 2016은 특정 기능을 사용하기 위해 기본적으로 작업화면의 상단에 있는 리본메뉴를 이용한다. 그러나 리본메뉴에서 선택할 수 있는 많은 기능이 마우스 오른쪽 메뉴에도 함께 나타나므로 필요에 따라 두 가지 방법 중 편리한 방법을 선택하여 사용하면 된다.

① 리본메뉴를 이용할 경우는 도형을 선택하고 [그리기 도구] 리본메뉴에서 [서식]-[도형 스타일] 그룹에서 [도형 채우기]를 클릭한다. 나타난 선택 창에서 "노란색"을 선택한다. 이 방법에서는 실시간 미리보기가 지원된다.

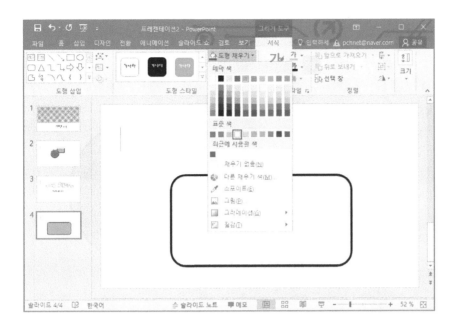

② 마우스 오른쪽 메뉴를 이용하는 경우는 마우스 오른쪽 메뉴에서 [도형 서식]을 선택한다. [도형서식]-[도형옵션] 탭에서 [채우기]-[단색 채우기]를 선택하고 [색]에서 "노란색"을 선택한다. 이 방법은 실시간 미리보기를 지원하지 않는다.

(4) 실시간 미리보기 기능

파워포인트 2016은 개체에 특정 서식 등을 완전히 적용하기 전에 그 결과를 미리 보여주는 기능을 갖고 있다. 이 기능을 이용하면 사용자가 특정 개체에 효과를 완전히 적용하기 전에 그 결과를 미리보고 그 효과의 적합성 여부를 미리 판단할 수 있으므로 재작업 발생 가능성을 줄일 수 있다.

① 사각형 개체를 선택하고 리본메뉴에서 [홈]-[그리기] 그룹에서 [도형 채우기]를 선택한다. 나타난 선택창에서 마우스 포인터를 여러 색으로 가져가면 마우스 포인터가 특정색 위에 위치할 때마다 사각형의 색이 실시간으로 변경된다.

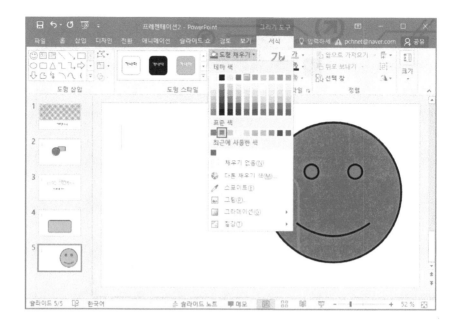

② 실시간 미리보기 기능을 없애는 방법은 [파일]-[옵션]을 클릭하여 나타난 팝업창의 [일반]
에서 "실시간 미리보기 사용"을 선택하지 않으면 된다.

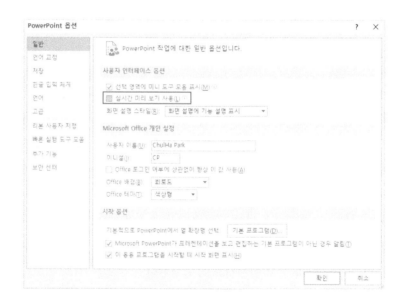

(5) 그룹 지정 및 해제

슬라이드를 구성하는 여러 개체들 중에서 서로 관계된 개체들을 서로 묶어 그룹을 지정하거나, 지정된 그룹을 개별 분리하는 방법을 살펴본다.

① 아래와 같이 도형을 입력하고 마우스를 드래그 하거나 │Shift│ 키를 누른 상태에서 각각의 도형을 선택하여 그룹에 포함될 도형을 선택한다.

② 상황별 리본메뉴의 [서식]-[정렬] 그룹에서 [그룹화]-[그룹]을 선택하거나 마우스 오른쪽 메뉴의 [그룹화]-[그룹]을 선택하면 선택된 도형들이 하나의 개체로 그룹화 된다.

③ 그룹화 된 도형에서 특정 개체의 서식을 바꾸기 위해서는 그룹화 된 개체를 선택한 다음 특정개체를 선택하고 [서식]-[도형 스타일] 그룹에서 [도형 채우기] 선택창에서 "보라색"을 선택한다.

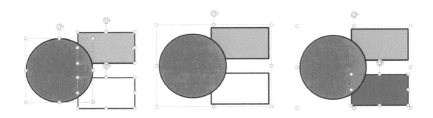

④ 그룹화 된 도형에서 특정 도형의 위치를 조절하기 위해서는 그룹을 유지한 채로 위치 변경을 원하는 특정 개체 하나만을 선택하여 위치를 조절한다.

⑤ 그룹화 된 도형에서 특정 도형을 제거하기 위해서는 그룹을 유지한 채로 특정 개체를 선택하고 │Delete│ 키를 누른다.

⑥ 모든 도형을 선택한 후, [서식]-[정렬] 그룹에서 [그룹화]-[그룹 해제]을 선택하거나 오른쪽 메뉴의 [그룹화]-[그룹 해제]을 선택하면 그룹된 도형이 각각의 개체로 분리된다.

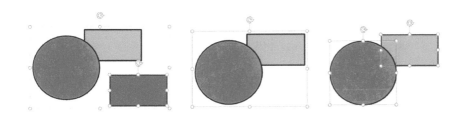

3 슬라이드 삽입/레이아웃 변경/복사/이동/삭제

슬라이드를 새로 삽입, 삭제, 복사, 이동, 레이아웃 변경방법을 알아보자.

(1) 슬라이드 삽입/레이아웃 변경

① [파일]-[열기]를 선택하고 원하는 파일을 불러온다.

② [슬라이드 창]의 슬라이드 사이에 커서를 놓고 [새 슬라이드]를 클릭하여 새 슬라이드를
삽입한다. 또는, [슬라이드 창]의 원하는 슬라이드를 선택하고 오른쪽 마우스를 클릭하여
[새 슬라이드]를 선택하면 선택된 슬라이드 다음에 새 슬라이드가 나타난다.

(2) 레이아웃 변경

① 작성 중 레이아웃을 바꾸려면 해당 슬라이드를 선택한 후 오른쪽 마우스를 클릭하여 [레
이아웃]을 선택하고 나타난 선택창에서 원하는 레이아웃을 선택한다.

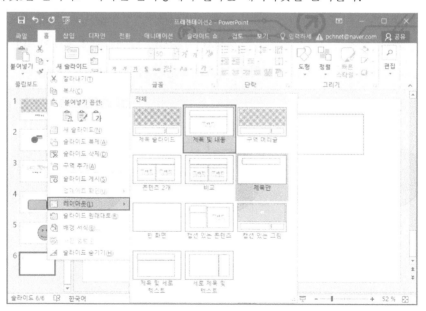

파워포인트 2016 완성

(3) 슬라이드 복사/이동/삭제

① 슬라이드 창에서 원하는 슬라이드를 선택한 후 마우스 오른쪽 버튼을 클릭한 후 [중복 슬라이드]를 선택하면 슬라이드가 복제 된다.

② 슬라이드 창에서 슬라이드를 선택한 후 마우스 오른쪽 버튼을 클릭하여 [슬라이드 삭제]를 선택하면 선택된 슬라이드가 삭제된다.

③ 이동하려면 [슬라이드 창]에서 이동하려는 슬라이드를 클릭한 후 원하는 위치로 끌어다 놓으면 된다.

4 구역 만들기

구역은 여러 슬라이드로 구성된 문서에서 논리적으로 구분할 수 있는 몇 장의 슬라이드를 각각 묶어 관리하는 것이며 이 기능을 이용하면 슬라이드를 보다 체계적으로 관리할 수 있다.

(1) 구역 추가

① 슬라이드 창에서 구역이 시작될 슬라이드를 선택하고 리본메뉴에서 [홈]-[슬라이드] 그룹에서 [구역]-[구역 추가]를 선택한다.

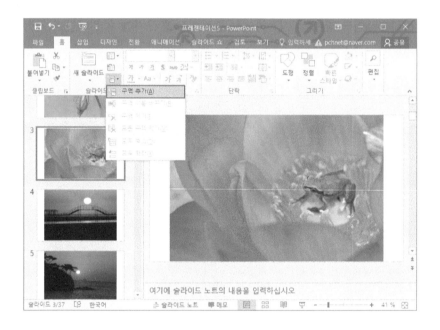

② 그러면 3번 슬라이드 이후의 슬라이드에는 "제목 없는 구역"이라는 이름을 갖는 구역이 설정되고, 1~2번 슬라이드에는 "기본 구역"이 설정된다.

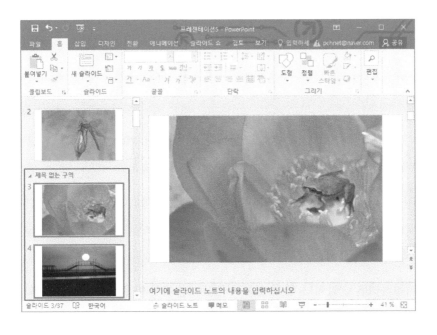

(2) 구역 이름 변경

자동 생성된 구역이름은 그 구역의 특징을 나타낼 수 없다. 그러므로 구역의 특징에 맞게 구역이름을 변경하면 문서관리가 쉽게 된다.

① 슬라이드 창에서 변경을 원하는 구역이름을 선택하고 마우스 오른쪽 메뉴에서 [구역 이름 바꾸기]를 선택한다.

② 나타난 팝업창에 변경을 원하는 구역 이름을 입력하고 [이름 바꾸기]를 클릭한다.

(3) 구역 제거

① 구역을 제거하려면 슬라이드 창에 있는 구역표시줄을 선택하고 마우스 오른쪽 메뉴에서
특정 구역만 제거하려면 [구역 제거]를, 특정 구역과 그 구역에 속해있던 슬라이드까지
제거하려면 [구역 및 슬라이드 제거]를, 모든 구역을 제거하려면 [모든 구역 제거]를 선택
한다.

(4) 구역 이동

① 구역을 이동하려면 슬라이드 창에 있는 구역표시줄에서 마우스 오른쪽 메뉴의 [구역을
위로 이동]을 선택하면 선택된 구역이 다른 구역의 위로 이동한다.

5 파워포인트 문서 저장

(1) 파워포인트 문서 저장

슬라이드 제작을 완료하였거나 제작 중간에 파워포인트를 종료해야 될 필요가 있을 경우 반드시 저장을 해주어야 다음에 다시 편집 및 수정을 할 수 있다.

① 아래화면과 같이 BackStage 메뉴인 [파일]-[저장]을 클릭하면 작업 중인 파일이 저장된다.

② 파일 이름을 변경하여 저장할 경우는 [파일]-[다른 이름으로 저장]을 클릭하면 팝업창이 나타나며 여기에 원하는 이름을 입력하고 [저장] 버튼을 누른다.

③ 파워포인트 2016의 파일형식

- pptx - 파워포인트 프레젠테이션의 기본 문서형식
- pptm - 파워포인트 매크로 사용 프레젠테이션 문서형식
- ppt - 파워포인트 97~2003 프레젠테이션 문서형식
- pdf - 아크로뱃 문서형식
- potx - 파워포인트 서식파일
- thmx - Office 테마
- jpeg, png - 그래픽형태의 문서형식

PowerPoint 프레젠테이션	PowerPoint XML 프레젠테이션
PowerPoint 매크로 사용 프레젠테이션	MPEG-4 비디오
PowerPoint 97-2003 프레젠테이션	Windows Media 비디오
PDF	GIF(Graphics Interchange Format)
XPS 문서	JPEG 파일 교환 형식
PowerPoint 서식 파일	PNG 형식
PowerPoint 매크로 사용 서식 파일	TIFF(Tag Image File Format)
PowerPoint 97-2003 서식 파일	장치 독립적 비트맵
Office 테마	Windows 메타파일
PowerPoint 쇼	확장 Windows 메타파일
PowerPoint 매크로 사용 쇼	개요/서식 있는 텍스트
PowerPoint 97-2003 쇼	PowerPoint 그림 프레젠테이션
PowerPoint 추가 기능	Strict Open XML 프레젠테이션
PowerPoint 97-2003 추가 기능	OpenDocument 프레젠테이션

(2) 문서 저장 시 암호 설정

문서를 저장할 때 암호를 설정하여 아무나 파일을 열거나 수정할 수 없도록 하는 방법에 대해 살펴본다. 파워포인트 문서에 암호를 설정하는 방법은 두 가지가 있다.

첫 번째 방법은 [다른 이름으로 저장하기]에서 [도구] 옵션을 이용하는 것이고, 두 번째는 BackStage 메뉴인 [파일]-[정보]에서 [프레젠테이션 보호]-[암호 설정]을 이용하는 방법이다.

① [파일]-[다른 이름으로 저장]을 선택한다. 나타난 팝업창에서 좌측 하단의 [도구]-[일반 옵션]을 선택한다.

② 나타난 팝업창에서 "열기 암호"와 "쓰기 암호"를 입력한다. 열기 암호는 문서를 열 때 사용되는 암호이고, 쓰기 암호는 문서에 수정 권한을 부여하는 암호이다.

③ BackStage 메뉴를 이용하는 방법은 [파일]-[정보]에서 [프레젠테이션 보호]-[암호 설정]을
선택한다. 나타난 팝업창에 암호를 입력한다.

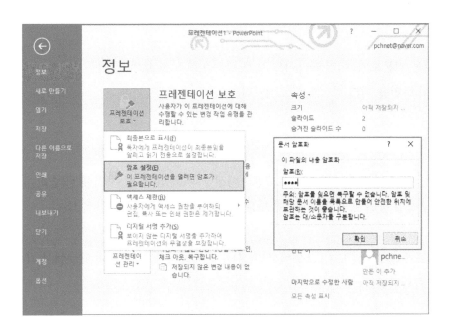

6 프레젠테이션 보기

파워포인트는 기본보기, 여러 슬라이드 보기, 슬라이드 노트 보기, 읽기용 보기, 슬라이드 쇼 보기와 같이 화면을 여러 형식으로 보여준다.

(1) 기본 보기

다른 설정을 하지 않으면 나타나는 프레젠테이션 기본 화면이다. 한 번에 한 슬라이드에서 작업하거나 작업 중인 프레젠테이션의 모든 슬라이드의 구조를 구성할 수 있다.

① [보기]-[프레젠테이션 보기] 그룹에서 [기본]을 선택하거나, 화면 보기 단추에서 기본 단추
   [ ]를 클릭한다.

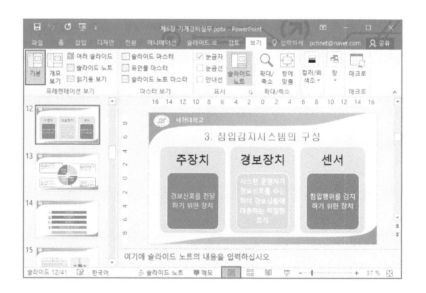

(2) 개요 보기

작업 중인 프레젠테이션의 슬라이드에서 그래픽 요소를 제외한 텍스트 개요만을 보여준다.

① [보기]-[프레젠테이션 보기] 그룹에서 [개요 보기]을 선택한다.

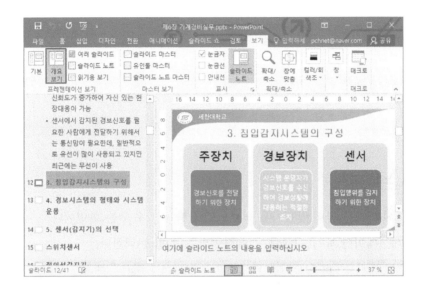

(3) 여러 슬라이드 보기

여러 슬라이드 보기는 한 화면에 여러 슬라이드를 동시에 보여줌으로써 프레젠테이션의 전체를 일목요연하게 확인할 수 있으므로 슬라이드 순서의 배치나 슬라이드의 추가, 삭제 등 전체 슬라이드를 보면서 해야 하는 작업에 유용하다. 단, 여러 슬라이드 보기에서는 슬라이드 위의 문자나 그림 등을 수정할 수는 없다.

① [보기]-[프레젠테이션 보기] 그룹에서 [여러 슬라이드]을 선택하거나, 화면 보기 단추에서 여러 슬라이드 단추[🔡]를 클릭한다.

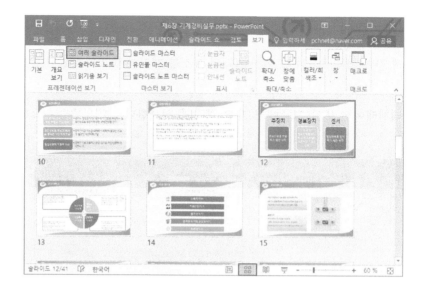

(4) 슬라이드 노트 보기

해당 슬라이드에 메모를 하여 발표자용 서브노트로 활용할 수 있는 화면이다.

① [보기]-[프레젠테이션 보기] 그룹에서 [슬라이드 노트]를 선택한다.

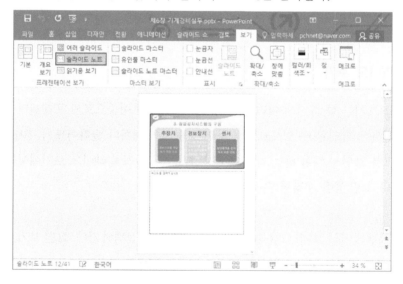

(5) 읽기용 보기

프레젠테이션을 대형 화면에서 청중에게 표시하는 것이 아니라 특정인이 자신의 컴퓨터에
서 프레젠테이션을 보도록 할 때 읽기용 보기를 사용한다. 또한 프레젠테이션을 전체 화면
슬라이드 쇼 보기가 아니라 쉽게 검토할 수 있는 간단한 컨트롤이 포함된 창에서 보려는 경
우에도 사용자 컴퓨터에서 읽기용 보기를 사용할 수 있다.

① 화면 보기 단추에서 읽기용 보기 단추[ ]를 클릭한다.

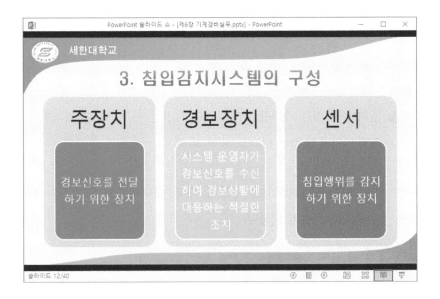

(6) 슬라이드 쇼

실제 프레젠테이션을 할 때 사용하는 화면으로 화면전환, 동영상, 소리, 애니메이션 등을 시연한다.

① [슬라이드 쇼]-[슬라이드 쇼 시작]-[처음부터]를 선택하거나, 화면 보기 단추에서 슬라이드 쇼 단추[ ]를 클릭한다. 또는 F5 를 선택한다. 슬라이드 쇼를 종료하려면 Esc 키를 누른다.

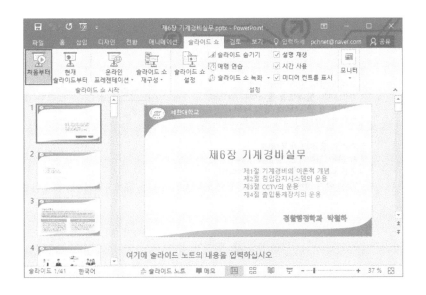

텍스트 입력, 이동, 회전

파워포인트 2016은 텍스트도 하나의 개체로 처리한다. 따라서 문서에 바로 텍스트를 입력할 수 없고 텍스트를 입력할 수 있는 개체를 삽입하거나 지정한 후 텍스트를 입력한다. 텍스트는 그림과 같이 기존 레이아웃에 있는 텍스트 상자, 도형 안, 사용자가 추가한 텍스트 상자에 입력할 수 있다.

① [홈]-[슬라이드] 그룹에서 [새 슬라이드]-[제목 및 내용] 슬라이드를 선택한다.

② 아래와 같이 제목과 텍스트를 입력한다.

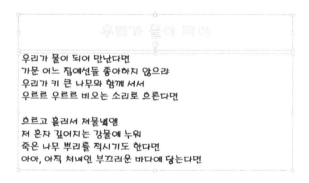

③ [삽입]-[일러스트레이션] 그룹에서 [도형]-[사각형]에서 직사각형을 선택 후 입력하고 마우스 오른쪽 메뉴에서 [텍스트 편집]을 선택 한 후 텍스트를 입력한다.

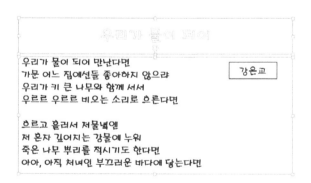

④ 개체를 선택하면 나타나는 회전 틀[○]과 크기 틀[□]을 이용하여 개체의 크기를 변경하거나 회전시킨다.

⑤ 아래 그림과 같이 개체를 임의의 위치와 방향으로 변경할 수 있다.

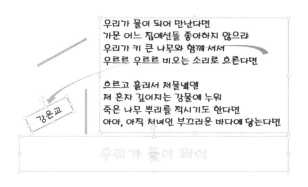

8 단락 서식 적용하기

(1) 글머리, 목록 수준

슬라이드에 글머리 기호를 사용하여 내용을 구분하면 보기 좋은 배열이 된다. 글머리를 삽입하거나 변경하는 방법은 다음과 같다.

① [홈]-[슬라이드] 그룹에서 [새 슬라이드]에서 [제목 및 내용] 슬라이드를 선택한다.

② 2번째 내용 슬라이드를 선택하고 아래와 같이 제목과 내용을 입력한다.

③ 글머리가 자동으로 나오면 본문 내용을 입력한다.

④ 내용을 입력하고 Enter 를 치면 같은 수준의 글머리가 자동으로 나타난다.

⑤ 하위 1단계 이동: Tab 키를 입력한다.

⑥ 상위 1단계 이동: Shift + Tab 키를 누른다.

⑦ 글머리 기호를 변경하고자 할 때에는 해당 글머리를 선택한 후 마우스 오른쪽 메뉴 [글머리 기호]에서 원하는 글머리로 바꾼다.

⑧ 글머리에 번호를 부여하고자 할 때에는 부여하고자 하는 영역을 선택 한 후 마우스 오른쪽 메뉴 [번호 매기기]에서 원하는 번호 모양을 선택한다.

⑨ 글머리 기호나 글머리 번호의 색상을 바꾸고자 할 때에는 변경하고자하는 영역을 선택
한 후, 마우스 오른쪽 메뉴 [글머리 기호 또는 번호 매기기]-[글머리 기호 및 번호 매기기]
를 선택한다. 대화창이 나타나면 원하는 색상을 선택하여 변경한다.

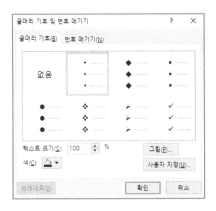

⑩ 글머리 기호를 없애고자 할 때에는 해당 영역을 선택 한 후 [마우스 오른쪽 버튼]을 클릭
한 후 [글머리 기호] 또는 [번호 매기기]를 한번 클릭한다. 다시 나타내고자 할 때에는 같
은 절차를 반복 한다.

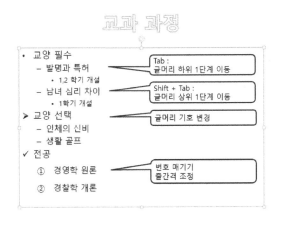

(2) 줄 간격과 단락 간격

① 줄 간격을 변경하고자 할 때에는 변경하고자하는 영역을 선택 한 후, [홈]-[단락] 그룹에 서 [줄 간격 단추 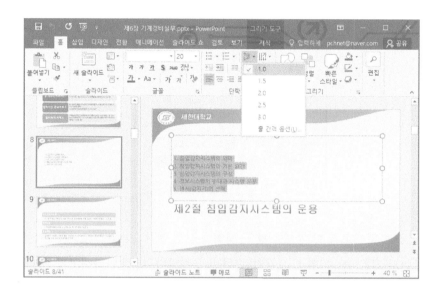]를 선택하고 원하는 줄 간격을 선택한다.

② 다른 방법으로 [홈]-[단락] 그룹에서 [자세히]를 선택하여 나타난 단락 팝업창에서 줄 간격 을 조절한다.

③ 단락 간경을 조절하기 위해서는 [홈]-[단락] 그룹에서 [자세히]를 선택하여 나타난 단락 팝 업창에서 단락 앞과 단락 뒤, 줄 간격을 조절한다.

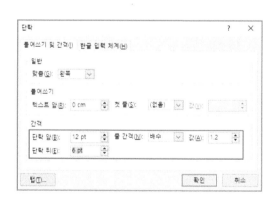

(3) 텍스트 쓰기 방향 바꾸기 및 회전하기

① 아래와 같이 텍스트 상자에 텍스트를 입력한다.

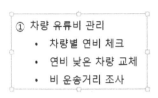

② 리본메뉴의 [홈]-[단락] 그룹에서 [텍스트 방향 ▥·]을 클릭한 후, 나타난 선택창에서 "세로"를 선택한다.

③ 세로쓰기로 변경된 텍스트 상자의 크기를 조절한다.

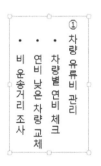

(4) 위첨자 적용하기

① 아래와 같이 각주를 삽입할 텍스트 옆에 "주석"이라는 텍스트를 입력한다. 그리고 이 텍스트를 블록 선택한다.

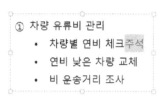

② 리본메뉴의 [홈]-[글꼴] 그룹에서 [자세히]를 선택한다. 나타난 팝업창에 "위 첨자"를 선택하고 "오프셋"을 60으로 설정한다.

③ 선택된 텍스트가 위 첨자 형식으로 나타난다.

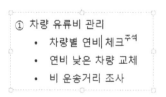

9 한자, 기호, 수식 입력

(1) 한자 입력

① 한자로 바꾸고자 하는 단어를 선택 한 후 [검토]-[언어] 그룹의 [한글/한자 변환]을 클릭한 다. [한글/한자 변환] 대화상자가 나타나면 [한자 선택]과 [입력 형태]를 선택한 다음 [변 환]을 클릭한다.

② 한자로 바꾸고자 하는 단어를 선택 한 후 [마우스 오른쪽 버튼]을 클릭하고 원하는 한자 를 선택한다.

③ 한자로 바꾸고자 하는 단어를 선택 한 후 키보드의 [한자]키를 누른다.

(2) 기호 입력

① 특수 기호를 삽입하려면 [삽입]-[기호] 그룹에서 [기호]를 선택한 후 팝업창이 나오면 [하위집합]을 선택 한 후 원하는 기호를 선택하면 된다.

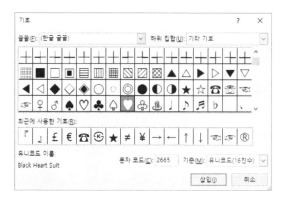

(3) 수식 입력

① 리본메뉴의 [삽입]-[기호] 그룹에서 [수식]을 선택한 후, 나타난 선택창에서 원하는 수식을 선택한다.

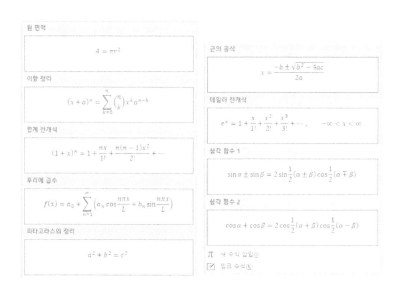

② 다른 방법으로 리본메뉴의 [삽입]-[기호] 그룹에서 [수식]을 선택한 후, 나타난 선택창에서 [새 수식 삽입]을 선택하면 [수식 도구]-[디자인]이 나타나고 이것을 이용하여 수식을 입력한다.

③ 펜 입력도구가 갖추어졌을 때는 리본메뉴의 [삽입]-[기호] 그룹에서 [수식]을 선택한 후, 나타난 선택창에서 [잉크 수식]을 선택하면 펜으로 수식을 입력할 수 있다.

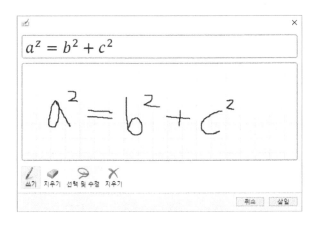

10 WordArt로 장식하기

입체효과가 있는 글자처럼 글자에 특수한 효과가 들어 있는 글자를 WordArt라 한다. WordArt는 글자처럼 보이지만 도형에 가깝고, 따라서 실제로 편집하는 방법도 도형과 같다. 보통 제목이나 특별한 텍스트를 WordArt로 만든다.

(1) 제목을 WordArt로 꾸미기

① 빈 슬라이드를 열고 제목 개체 틀을 선택하고 제목을 입력한다.

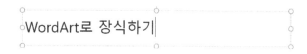

② 그리기 도구의 [서식]-[WordArt 스타일] 그룹에서 [빠른 스타일]이나 [자세히]를 선택한다.

③ "채우기-빨강, 강조2, 무광택 입체"를 선택한다.

④ 제목이 WordArt 스타일로 바뀐 것을 확인한다.

WordArt로 장식하기

(2) 텍스트에 반사효과 주기

① 새로운 개체 틀을 선택한 후 [서식]-[WordArt 스타일] 그룹에서 [텍스트 효과]를 선택한다.

② [반사]를 클릭한 후 "1/2반사, 4pt 오프셋"을 선택하고 "워드아트는 재미있어"를 입력한다.

WordArt로 장식하기

(3) 텍스트에 3차원 회전 효과 주기

① 새로운 개체 틀을 선택한 후 [서식]-[WordArt 스타일] 그룹에서 [텍스트 효과]를 선택한다.
② [3차원 회전]-[오블리크]에서 "오른쪽 위 오블리크"를 선택한다.

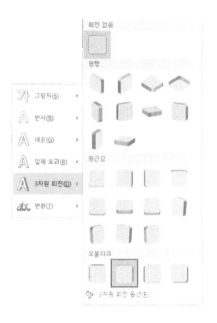

③ [서식]-[WordArt 스타일] 그룹에서 [텍스트 효과 서식 ⌐]을 클릭한다.
④ [도형 서식] 창이 열리면 [텍스트 옵션]-[텍스트 효과]-[3차원 서식]을 선택한다.
⑤ 깊이 색은 "흰색", 깊이는 "60pt"로 지정 한 후 닫는다.

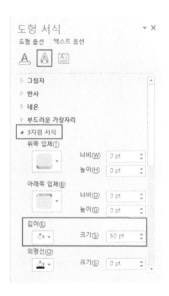

⑦ 결과를 확인한다.

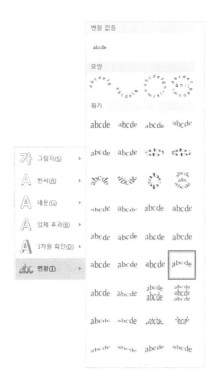

(4) 텍스트에 변환 효과 주기

① 새로운 개체 틀을 선택한 후 [서식]-[WordArt 스타일] 그룹에서 [텍스트 효과]를 선택한다.
② [변환]에서 "아래쪽 수축"을 선택한다.

③ 결과를 확인한다.

11 맞춤법 검사

(1) 맞춤법 검사

① 슬라이드에서 [검토]-[언어교정] 그룹에서 [맞춤법 검사]를 클릭한다.

② 맞춤법 검사창이 열리면서 맞춤법 검사 결과, 바꾸어야 하는 단어에 빨간 밑줄이 나타나고 바꿀 단어가 제시된다. 바꾸고 싶으면 [변경]을, 바꾸고 싶지 않으면 [건너뛰기]를 선택한다.

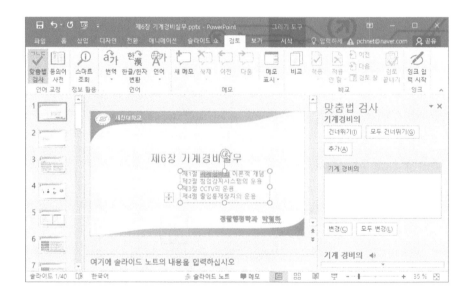

(2) 틀린 글자에 나타나는 빨간 줄 없애기

① 맞춤법 검사 후, 틀린 글자에 나타나는 빨간 줄은 슬라이드 쇼 상태에서 나타나지 않고 편집 상태에서만 나타난다.

② 만일 편집 상태에서도 나타나지 않게 하려면, [파일]-[옵션]에서 [언어교정]을 선택하고 "파워포인트에서 맞춤법 검사"에서 "맞춤법 오류 숨기기"항목을 선택한다.

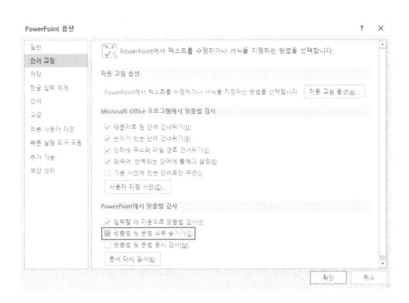

12 텍스트 선택

텍스트는 다양한 방법으로 선택할 수 있다.

① 가로 텍스트 상자에 다음과 같은 내용을 입력한다.

- CCTV는 공중파를 이용한 방송용 TV와 구분된 이름으로 카메라와 모니터가 유선으로 연결된다는 것을 의미
- 공중방송을 위해 유선TV가 등장하고 무선을 이용한 CCTV가 사용되고 있지만 CCTV는 감시장치의 한 형태로 널리 사용

② 단어를 클릭한다. 단어를 클릭하면 텍스트 상자가 선택된다.

- CCTV는 공중파를 이용한 방송용 TV와 구분된 이름으로 카메라와 모니터가 유선으로 연결된다는 것을 의미
- 공중방송을 위해 유선TV가 등장하고 무선을 이용한 CCTV가 사용되고 있지만 CCTV는 감시장치의 한 형태로 널리 사용

클릭

③ 마우스를 이용하여 선택하고자 하는 단어나 문장을 드래그 한다.

- CCTV는 공중파를 이용한 방송용 TV와 구분된 이름으로 카메라와 모니터가 유선으로 연결된다는 것을 의미
- 공중방송을 위해 유선TV가 등장하고 무선을 이용한 CCTV가 사용되고 있지만 CCTV는 감시장치의 한 형태로 널리 사용

마우스 드래그

④ 단어를 더블클릭하면 단어가 블록 표시되며 선택된다.

- CCTV는 공중파를 이용한 방송용 TV와 구분된 이름으로 카메라와 모니터가 유선으로 연결된다는 것을 의미

  더블클릭

- 공중방송을 위해 유선TV가 등장하고 무선을 이용한 CCTV가 사용되고 있지만 CCTV는 감시 장치의 한 형태로 널리 사용

⑤ 문장이나 단락을 선택할 때에는 해당문장의 아무 단어나 세 번 클릭하면 문장이 선택된다.

- CCTV는 공중파를 이용한 방송용 TV와 구분된 이름으로 카메라와 모니터가 유선으로 연결된다는 것을 의미

- 공중방송을 위해 유선TV가 등장하고 무선을 이용한 CCTV가 사용되고 있지만 CCTV는 감시 장치의 한 형태로 널리 사용

  세 번 클릭

1   WordArt를 활용하여 아래와 같이 슬라이드를 작성하라.

입체 및 그림자
효과

Bill Gates

- 본명 : William H. Gates(1955-)

- 약력 :
  - ➢ 1973년 하버드대학 법학과 입학 후 수학과로 전과
  - ➢ 1974년 P.앨런과 최초의 소형 컴퓨터용 언어인 베이직(BASIC) 개발
  - ➢ 1975년 마이크로소프트사 설립(뉴맥시코주 앨버커키)
  - ➢ 1995년 '윈도우95'
  - ➢ 현 세계 최고의 갑부(약5백만 달러) 세계최고액 기부자(4년간 235억 달러)
  - ➢ 특별한 경영철학 없음

- 2008년 은퇴, 자선사업 전환
  - – 99% 사회 환원 예정

3차원
입체효과

- Gates Way : 2008년 은퇴사에서 남긴 말
  - ① 항상 최악의 상황에 대비하라.
  - ② 엔지니어가 회사를 지배하도록 하라.(MS에서는 엔지니어가 높은 연봉)
  - ③ 기회는 제품 사이클의 뒷면에 있다.
  - ④ 소프트웨어는 유토피아의 툴이다.

서로 다른 글머리
및 글번호

2 [파일]-[새로 만들기]-[온라인 서식 파일 및 테마 검색]에서 "추천 검색어·다이어그램"을 선택하고 "목차 다이어그램"을을 이용하여 다음과 같이 작성한다.

3 [파일]-[새로 만들기]-[온라인 서식 파일 및 테마 검색]에서 "추천 검색어 : 프레젠테이션"을 선택하고 "목차 다이어그램"을 이용하여 졸업 후 진로결정을 위한 학습계획을 작성한다.

멀티미디어

멀티미디어 개체를 적절히 사용하면 효과적인 프레젠테이션을 할 수 있다. 그래픽과 클립아트를 삽입하면 보다 화려하고 생생한 슬라이드를 제작할 수 있다. 또한, 그래픽 개체를 도형이나 슬라이드의 배경, 다른 서식의 일부로 사용할 수 있어 다양한 연출이 가능하다. 이 장에서는 그래픽과 클립아트 및 소리, 동영상과 같은 멀티미디어 개체 삽입과 제어 방법을 알아본다.

1 그림

(1) 그림 개체 삽입

① [삽입]-[이미지] 그룹에서 [그림]을 클릭한다.

② [그림 삽입] 대화상자에서 원하는 그림을 선택하고 [삽입]을 클릭한다.

③ 원하는 크기로 조정한다.

(2) 그림 도형으로 그림 꾸미기

① [삽입]-[이미지] 그룹에서 [그림]을 클릭하여 다음과 같은 슬라이드를 준비한다.

② 그림을 선택한 후 [서식]-[크기] 그룹에서 [자르기] 아래를 클릭하고 [도형에 맞춰 자르기 (S)]를 선택한 다음 원하는 도형을 클릭한다.

③ 나머지 그림도 같은 방법으로 실행하고 결과를 확인한다.

(3) 그림 스타일로 다양한 효과 지정

① 클립아트 검색창에서 "집"을 검색하여 슬라이드에 삽입한다.

② 그림을 선택하면 나타나는 [그림도구] 리본메뉴에서 [서식]-[그림 스타일]그룹의 [빠른 스타일]을 각각의 그림에 적용한다.

③ 그림을 선택하고 [그림 테두리]를 클릭하여 색상, 두께, 대시 등을 변경하야 본다.

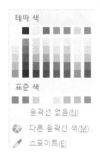

④ 그림을 선택하고 [그림 효과]를 클릭하여 그림자, 반사, 네온, 입체 효과, 3차원 회전 등을 적용한다.

⑤ [그림 스타일]이 적용된 그림들을 확인한다.

(4) 가장자리 부드럽게 만들기/ 입체효과 넣기

① 그림 도형의 가장 자리를 부드럽게 처리하면 슬라이드가 훨씬 더 고급스러워 보인다. 임의의 사진을 준비하거나 클립아트 검색창에서 사진을 검색하여 슬라이드에 붙인다.

② 그림을 모두 선택하고(Ctrl키를 누른 채 계속 선택하면 모두 선택할 수 있다) [서식]-[크기] 그룹에서 [자르기]-[도형에 맞춰 자르기(S)]에서 "타원"을 선택한다.

③ 그림 3개를 선택한 상태에서 [서식]-[그림 스타일] 그룹에서 [그림 효과]에서 [부드러운 가장 자리]의 "10 point"을 선택한다. 그림이 가장자리가 부드럽게 되었는지 확인 한다.

④ 나머지 그림 3개를 선택한 상태에서 [서식]-[그림 스타일] 그룹에서 [그림 효과]에서 [입체 효과: 둥글게]를 선택한다. 그림의 입체효과를 확인한다.

(5) 서식을 유지하며 그림만 바꾸기

① 그림을 수정하다가 서식이 완성되었으나 그림 자체를 바꾸어야 할 경우가 있다.
② 이런 경우에는 완성한 그림을 선택한 후 [서식]-[조정] 그룹에서 [그림 바꾸기]를 클릭한다.
③ 새로 대체하고자 하는 그림을 선택한다. 그림이 대체되었는지 확인한다.

(6) 투명한 그림 만들기

① 그림을 겹쳐 놓으면 아래 왼쪽처럼 뒤에 있는 그림이 가려진다. 이 때 앞 그림의 겹치는 부분의 색(여기에서는 흰색)을 투명하게 하면 오른쪽 그림처럼 자연스럽게 된다.

② 먼저 클립아트에서 왼쪽 그림과 같이 개 2마리를 찾아 붙여 넣는다.

③ 투명하게 하고자 하는 그림(작은 개)을 선택하고, [서식]-[조종] 그룹에서 [색]을 선택한 후 [투명한 색 설정]을 클릭한다.

④ 커서가 연필 모양⬚으로 바뀌면 마우스를 움직여 투명하게 하고자 하는 색(여기에서는 작은 개의 배경색인 흰색)을 클릭한다.

⑤ 오른쪽 그림과 같이 투명하게 되었는지 확인한다.

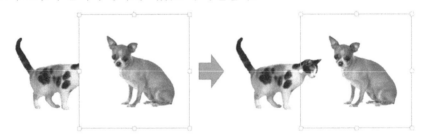

(7) 트리밍(trimming): 그림에서 불필요한 부분 자르기

① 그림에서 필요 없는 부분을 잘라낸 후 이미지가 들어갈 자리에 맞도록 하는 것을 트리밍이라고 한다. [삽입]-[이미지]그룹의 [온라인 그림]에서 "들판"을 검색하여 아래 그림을 붙인다.

② 이미지가 슬라이드에 맞지 않는다. 이대로 그림을 늘여서 슬라이드에 맞추면 그림의 가로: 세로 비가 달라져 사람이 뚱뚱해 보이거나 가늘게 보인다. 따라서 그림의 가로: 세로 비를 그대로 유지하면서 그림을 슬라이드에 맞출 필요가 있다.

③ 그림을 선택하여 마우스 포인터가 십자 화살표가 되면 그림을 끌어 우상 모퉁이에 맞춘다.

④ 그림의 좌하 코너를 드래그 하여 늘려 슬라이드의 하단에 맞춘다.

⑤ 좌측 영역이 슬라이드를 넘어서므로, [서식]-[크기] 그룹에서 [자르기]를 클릭 하여 좌측을
슬라이드에 맞게 자른다.

(8) 그림의 선명도, 밝기 대비 조절

① 아래와 같은 슬라이드를 작성한다.

② 슬라이드의 그림을 선택한 후, 리본메뉴의 그림 도구에서 [서식]-[조정] 그룹의 [수정]을
선택한다. 그리고 나타난 선택창에서 선명도 조절(부드럽게 50%)을 선택하면 그림이 아
웃포커싱 효과(사진 배경을 흐릿하게 만듦)가 적용되어 나타난다.

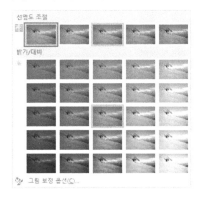

③ 대비를 조절하기 위하여 밝기 및 대비(밝기:0% (표준) 대비:+20%)를 선택한다.

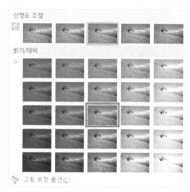

(9) 색상 효과 적용

① 리본메뉴의 그림 도구에서 [서식]-[조정] 그룹의 [색]을 선택한다. 그리고 나타난 선택창
에서 다시 칠하기(진한 파랑, 텍스트 색 2 어둡게)를 선택한다.

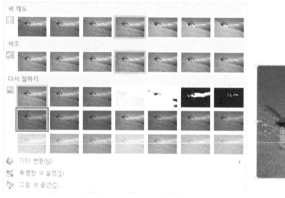

(10) 꾸밈 효과 적용

① 리본메뉴의 그림 도구에서 [서식]-[조정] 그룹의 [꾸밈 효과]를 선택한다.

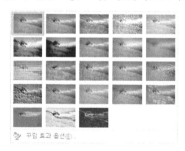

② 꾸밈 효과를 적용한 몇 가지 예(우측 하단 순으로 표식, 연필 스케치, 선 그리기, 밝은 화면, 모자이크 방울, 시멘트, 플라스틱 워프, 복사)를 나타낸다.

(11) 온라인 그림 검색 및 삽입

① [삽입]-[이미지] 그룹에서 [온라인 그림]을 선택한 후 [Bing 이미지 검색] 입력란에 "자동차"를 입력하여 검색한다.

② 검색된 클립아트 중에서 원하는 것을 선택하고 삽입을 클릭한다

(12) 스크린 샷 기능으로 그림 추가

파워포인트 2016에서는 스크린 샷 기능을 이용하여 현재 PC에 활성화되어 있는 화면을 직접 캡처하여 슬라이드에 삽입할 수 있다.

리본메뉴의 [삽입]-[이미지] 그룹에서 [스크린 샷]을 클릭하면 전체화면을 캡처하는 "화면 캡처(C)"와 "사용할 수 있는 창"이 나타나고 "사용할 수 있는 창"에서 검색기 네이버의 익스플로러 창을 선택한다.

① 스크린 샷 그림에 브라우저 창의 URL을 자동으로 하이퍼링크 할 것인가를 결정한다.

② 슬라이드에 브라우처 창이 그림으로 삽입되고 하이퍼링크가 연결되었다.

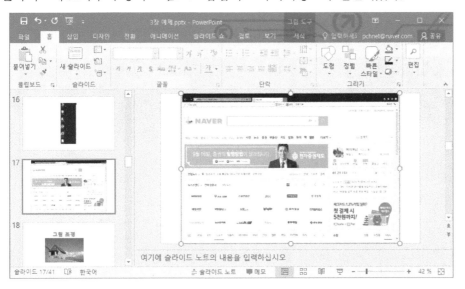

③ 화면의 일부분을 캡처하기 위해 "화면 캡처(C)"를 클릭한다.

④ 화면의 일부분을 직사각형 형태로 선택한다.

⑤ 슬라이드에 선택된 부분이 그림으로 삽입된다.

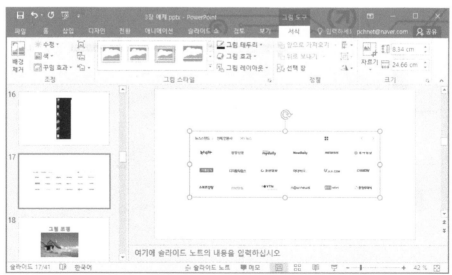

(13) 사진 앨범 만들기

① 새 프레젠테이션을 준비하고 [삽입]-[이미지] 그룹의 [새 사진 앨범]을 클릭한다.

② [사진 앨범] 대화상자가 나타나면 [파일/디스크(F)]를 클릭한다.

③ [새 그림 삽입] 대화상자가 나타나면 앨범에 들어갈 사진을 선택하고 [삽입]을 클릭한다.
④ [사진 앨범] 대화상자가 나타나면 [그림 레이아웃(P)]과 [프레임 모양(M)]을 결정하고 [테마(T)]의 [찾아보기]를 클릭한다.
⑤ [테마 선택] 대화상자에서 원하는 테마를 선택한 다음 [선택]을 클릭한다.
⑥ [사진 앨범] 대화상자에서 [만들기]를 클릭한다.

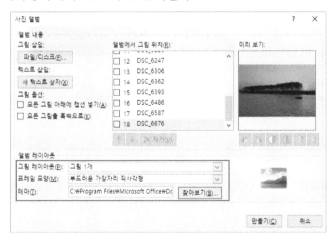

⑦ 테마가 적용된 완성된 사진 앨범을 확인한다.

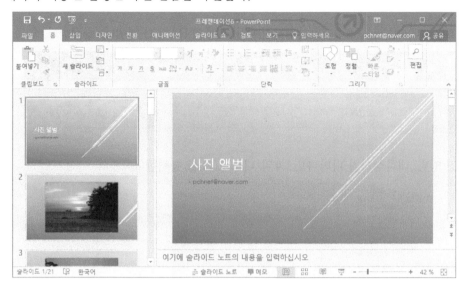

(14) 배경 제거

① [삽입]-[이미지] 그룹에서 [그림]을 클릭하여 그림을 삽입한다.

② 그림을 선택하고 [서식]-[조정] 그룹에서 [배경제거]를 클릭한다.

③ 제거 영역을 조정한다.

④ [배경제거]-[고급 검색] 그룹에서 [보관할 영역 표시]를 클릭한 다음 마우스로 보관할 영역
   을 드래그 하여 지정한다. 화면에 마우스 드래그 경로와 보관 영역을 나타내는 ⊕ 기호가
   나타난다.

⑤ [배경제거]-[고급 검색] 그룹에서 [제거할 영역 표시]를 클릭한 다음 마우스로 보관할 영역
   을 드래그 하여 지정한다. 화면에 마우스 드래그 경로와 제거 영역을 나타내는 ⊖ 기호가
   나타난다.

⑥ 그림에서 배경이 제거되었다.

2 도형

(1) 기본 도형 삽입과 텍스트 입력

① 슬라이드에 도형을 삽입하기 위해서는 리본메뉴의 [삽입]-[일러스트레이션] 그룹에서 [도형]을 선택한다.

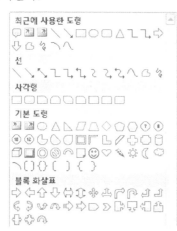

② [기본 도형]에서 "오른쪽 화살표"을 선택한다.

③ 슬라이드의 특정 위치에서 마우스를 클릭하고 원하는 크기만큼 드래그 한다.

④ 도형을 선택하고 마우스 우측 버튼을 클릭하고 텍스트 편집(X)을 선택한다.

⑤ 도형에 텍스트 입력 커서가 나타나면 "파워포인트 2016"을 입력한다.

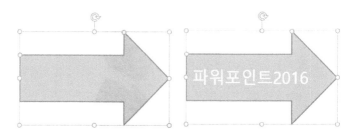

(2) 크기 조절점과 형태 조절점을 이용한 모양 변경

① 파워포인트에서 도형을 선택하면 조절점이 나타난다.

② 크기조절점(흰색, 둥근 모양)을 이용하여 도형의 크기를 변경한다.

③ 형태조절점(노란색, 마름모 모양)을 이용하여 도형의 모양을 부분적으로 변경한다.

④ 회전조절점(녹색, 둥근 모양)을 이용하여 도형을 회전 시킨다.

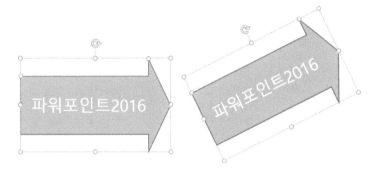

(3) 도형 편집 기능을 이용하여 도형 모양 변경하기

① 리본메뉴의 그리기 도구의 [서식]-[도형 삽입] 그룹에서 [도형 편집]-[도형 모양 변경(N)]
을 선택한다.

② [기본 도형]에서 "톱니 모양의 오른쪽 화살표"을 선택한다.

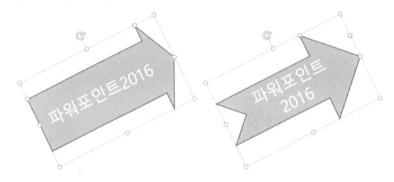

③ 리본메뉴의 그리기 도구의 [서식]-[도형 삽입] 그룹에서 [도형 편집]-[점 편집(E)]을 선택한다.

④ 선택된 도형에 검은색 조절점을 조절하면 직선부분이 곡선(베이지어 곡선)으로 변한다.
곡선부분의 조절은 흰색 조절점을 사용한다.

⑤ 조절점을 추가하려면 점 추가를 원하는 윤곽선 부분에 마우스를 위치하고 오른쪽 버튼을 클릭하여 [점 추가(A)]를 선택하면 조절점이 추가 된다.

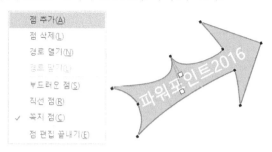

⑥ 조절점을 삭제하려면 삭제를 점을 선택한 후, 마우스를 위치하고 오른쪽 버튼을 클릭하여 [점 삭제(L)]를 선택하면 조절점이 삭제된다.

(4) 셰이프 조정 기능을 이용하여 도형 만들기

① 빈 슬라이드에 원과 화살표의 두 개의 도형을 아래와 같이 일부 겹쳐서 입력한다.

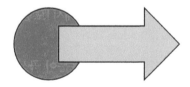

② 두 개의 도형을 선택하고, [그리기 도구]-[서식]-[도형삽입] 그룹에서 [도형 병합]을 선택하면 도형병합에 대한 메뉴가 나타난다.

③ 여러 개의 도형을 하나로 병합시키는 [병합(U)]을 선택한다.

④ 교차되는 부분만 삭제되면서 하나로 결합하는 [결합(C)]을 선택한다.

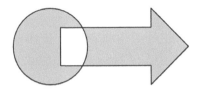

⑤ 두 도형의 각자의 영역과 교차되는 영역들을 각각의 도형으로 분할하는 [조각(F)]를 선택한다.

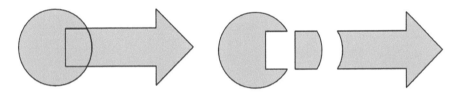

⑥ 두 개의 도형이 교차하는 영역을 보여주는 [교차(I)]를 선택한다.

⑦ 먼저 생성된 도형에서 나중에 생성된 도형의 영역을 제외한 부분을 나타내는 [빼기(S)]를 선택한다.

(5) 도형에 스타일 적용

① 도형스타일을 적용하기 위해 그리기 도구의 [서식]-[도형 스타일] 그룹에서 "자세히"를 눌러 "색 윤곽선-빨강, 강조2"을 선택한다.

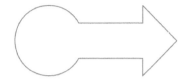

② 도형을 선택하면 나타나는 [도형 서식] 창에서 [도형 옵션]과 [텍스트 옵션]이 있고, [도형 옵션]에는 [⬦(채우기 및 선)], [⬠효과], [▦크기 및 속성]이 나타난다.

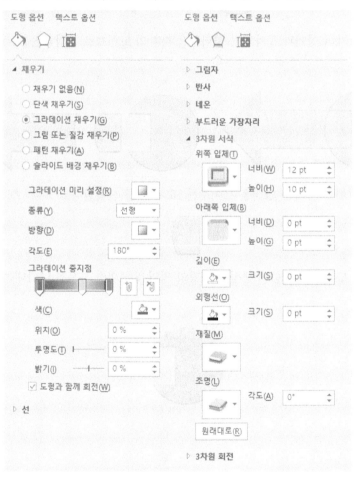

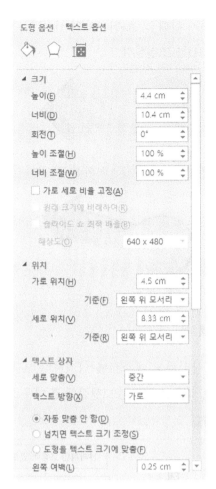

③ [◇(채우기 및 선)]-[그라데이션 채우기(G)]를 선택하고 그라데이션 색상을 선택한다.

④ 도형에 글자를 입력하기 위해 오른쪽 마우스 메뉴의 [텍스트 편집(X)]를 선택하고 "파워
포인트"를 입력한다.

⑤ 입체 효과를 뚜렷이 나타내기 위해 [🔘효과]-[3차원 서식]-[위쪽 입체(T)]에서 "급경사"를 선택하고 너비(W)와 높이(H)를 조절한다.

⑥ [🔘효과]-[3차원 회전]을 선택하고 X회전(X), Y회전(Y), Z회전(Z)의 값을 조절한다.

(6) 도형 변경, 입체 바, 입체 볼

① 먼저 아래와 같이 도형을 삽입하고 텍스트를 입력한다. 도형을 복사할 때는 선택 후 ⌘Ctrl⌘ + ⌘D⌘ 키를 누른다. 텍스트 입력은 도형선택 후 마우스 오른쪽 메뉴에서 [텍스트 편집]을 클릭하여 입력한다.

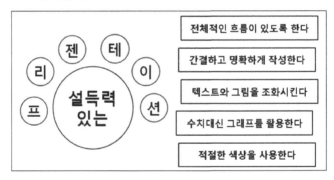

② 큰 원을 선택한 후 도형을 빨강색으로 채우고, 마우스 우측 메뉴의 [도형서식]을 클릭한다.

③ 도형 서식 대화상자가 열리면 [3차원 서식]-[입체 효과]의 "위쪽"에서 너비 100 point, 높이 30 point로 지정한다. "표면"의 "재질"에서 "특수효과: 진한 가장자리"를 선택한다. 슬라이드에서 변경 내용을 확인 한다.

④ 큰 원을 다시 선택한 후 [서식]-[도형 스타일] 그룹에서 [도형 효과]를 클릭한 후 "황록색 18pt 네온, 강조색 3"을 선택한다. 슬라이드에서 변경 내용을 확인 한다.

⑤ 다른 작은 원에 대해서도 같은 작업을 실시한다. ⌘Ctrl⌘ 키를 누른 상태에서 4개의 원을 차례대로 클릭하면 4개의 원이 모두 활성화되며 이 상태에서 ③과 ④를 실시하면 한꺼번에 효과를 적용 할 수 있다. 슬라이드에서 변경 내용을 확인 한다.

⑥ 5개의 사각형을 모두 선택 한 후 [서식]-[정렬]] 그룹에서 [맞춤]을 클릭한다. [왼쪽 맞춤]과 [세로 간격을 동일하게]를 선택한다. 슬라이드에서 변경 내용을 확인 한다.

⑦ 5개의 사각형을 모두 선택 한 후 [서식]-[도형 삽입] 그룹에서 [도형 편집]단추를 클릭한 후 [도형 모양 변경]-[사각형: 모서리가 둥근 직사각형]을 선택한다. 슬라이드에서 변경 내용을 확인한다. 이렇게 기존에 작성된 도형의 모양을 변경할 수도 있다.

⑧ 5개의 사각형을 모두 선택 한 후 [서식]-[도형 스타일] 그룹에서 [도형 채우기]를 클릭 한다. [테마 색]에서 흰색, 배경 1을 선택한다.

⑨ 다시 [서식]-[도형 스타일] 그룹에서 [도형 채우기]를 클릭 한 후 [그라데이션]-[선형 위쪽]을 선택한다.

⑩ [서식]-[도형 스타일] 그룹에서 [도형 윤곽선]을 클릭 한 후 "윤곽선 없음"을 선택한다.

⑪ [서식]-[도형 스타일] 그룹에서 [도형 효과]를 클릭 한 후 [입체 효과]에서 "입체효과: 둥글게"를 선택한다. 슬라이드에서 변경 내용을 확인 한다.

3 SmartArt 그래픽

SmartArt 그래픽이란 일종의 다이어그램으로 일반 다이어그램에 고급스러운 그래픽 효과가 가미된 것이다. 파워포인트 2016은 다양한 모양의 SmartArt 그래픽을 제공한다.

(1) SmartArt 그래픽 삽입

① [삽입]-[일러스트레이션] 그룹에서 [SmartArt]를 선택한 후 원하는 SmartArt 그래픽을 선택한다. 예를 들어 주기형에서 아래와 같은 모양을 선택한다.

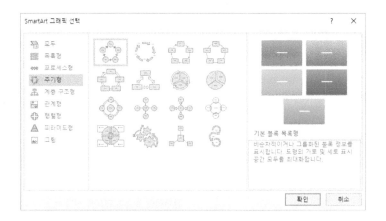

(2) SmartArt 그래픽 편집

① 텍스트 입력은 SmartArt 그래픽의 해당 부분을 선택하고 원하는 텍스트를 입력한다. 직접 개체를 선택하여 텍스트를 입력하거나 SmartArt 그래픽의 왼쪽에 있는 창을 열어 텍스트를 입력할 수 있다.

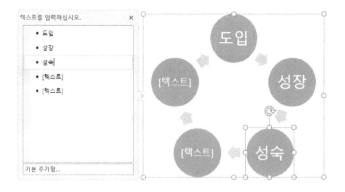

② SmartArt 그래픽의 모양이나 색상을 바꾸는 방법은 도형의 모양이나 색상을 바꾸는 방법과 동일하다. 색상을 바꿀 때는 [디자인 탭]-[SmartArt 스타일] 그룹에서 [색 변경]을 클릭한다. 기본 테마형, 색상형, 강조형 1, 2, 3 등이 있다. 여기에서는 색상형을 선택한다. 색상이 변하는 것을 확인한다.

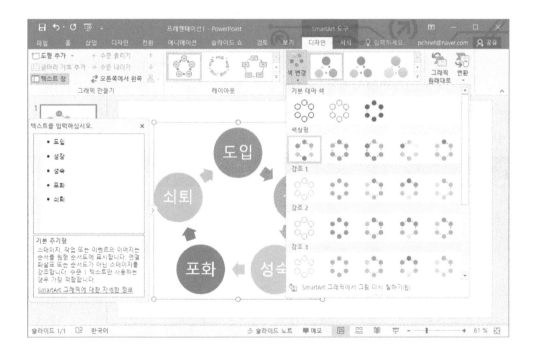

③ [디자인 탭]-[SmartArt 스타일] 그룹에서 [자세히 ▼]를 클릭한다. [3차원: 광택처리]를 선택한다. 3차원의 광택을 가진 SmartArt 그래픽으로 변하는 것을 확인한다.

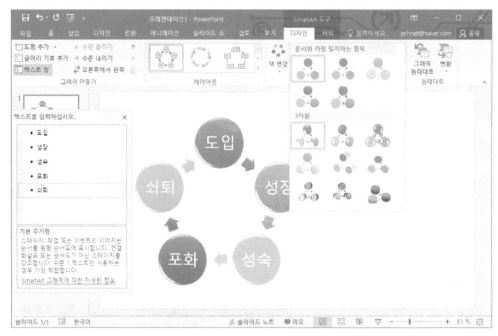

④ 현재의 SmartArt 그래픽에 도형을 추가해 보자. 기준이 되는 도형을 선택하고(여기에서는 "도입" 도형을 선택한다) [디자인]-[그래픽 만들기] 그룹에서 [도형 추가]-[앞에 도형 추가(B)]를 선택한다.

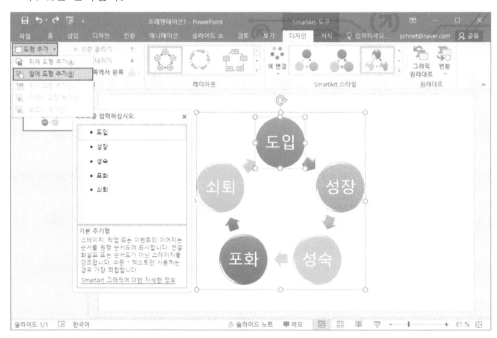

⑤ 그림과 같이 도형이 추가되었다. "텍스트 창"을 열어 텍스트를 입력한다.

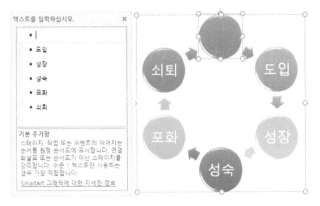

⑥ 각 도형에 글머리를 넣어 보자. "텍스트 창"을 열어 텍스트를 선택한 후 [디자인]-[그래픽 만들기] 그룹에서 [글머리 기호 추가]를 선택한다. 글머리를 입력한다.

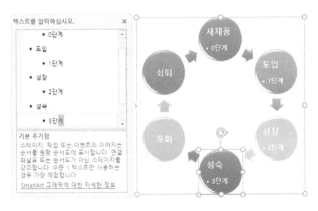

⑦ 다른 도형에 대해서도 같은 절차를 수행하여 모두 글머리를 입력한다.
⑧ 도형 모양의 변경을 위해 "새제품"을 선택하고 [서식]-[도형] 그룹에서 [도형 모양 변경]-[기본도형:육각형]을 선택한다.

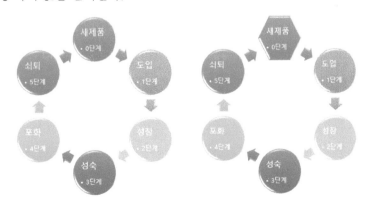

(3) 텍스트를 SmartArt로 변경

일반적으로 SmartArt 작업은 먼저 다이어그램을 슬라이드에 나타나게 한 후, 텍스트를 입력하는 것이 일반적이다. 그러나 기존의 문서를 편집하거나 텍스트를 작성한 다음 SmartArt로 변경하는 것도 가능하다.

① 아래와 같이 텍스트 상자에 텍스트를 입력하고 텍스트 상자를 선택한다.

② 리본메뉴의 [홈]-[단락] 그룹에서 [SmartArt로 변환]을 선택한다. 나타난 선택창에서 "연속 그림 목록형"을 선택한다.

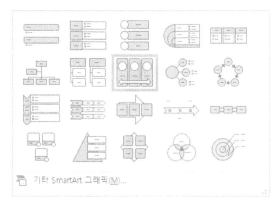

③ 텍스트 상자 안에 있던 내용이 선택된 SmartArt 다이어그램 속에 포함되어 나타난다.

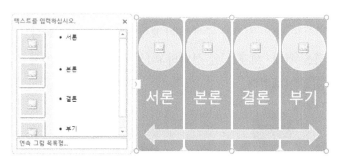

(4) 그림을 SmartArt로 변경

① 아래와 같이 빈 슬라이드에 4개의 그림을 삽입한 후, 4개의 그림을 모두 선택한다.

② [서식]-[그림 스타일] 그룹에서 [그림 레이아웃]을 선택하고 "연속 그림 목록형"을 선택한다.

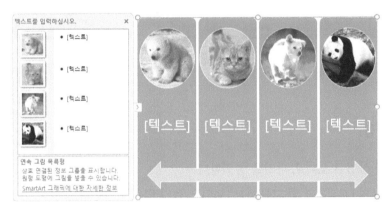

4 오디오

(1) 오디오 개체 삽입

① 빈 슬라이드를 준비한다. 제목에 "소리파일 연습"을 입력한다.
② [삽입]-[미디어] 그룹에서 [오디오]-[내 PC의 오디오(P)]을 선택하여 미리 준비한 사운드 파일을 삽입한다.

③ 오디오 슬라이드 쇼 실행 옵션이 나타나면 "자동 실행(A)"또는 "클릭할 때(C)"을 선택한다. 여기에서는 후자를 선택하자.

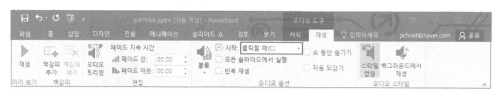

(2) 오디오 편집

① 슬라이드에 삽입된 오디오 파일을 클릭한다.
② 오디오 도구의 [재생]-[편집] 그룹에서 [오디오 트리밍]을 선택한다.
③ "오디오 맞추기" 대화상자가 나타나면 전체 오디오 중에서 "시작 시간"과 "종료시간을 조절하여 오디오 중의 일부분만을 선택한다.

④ 페이드인(작은 소리부터 시작하여 점점 커지는 효과)과 페이드아웃(소리가 점점 작아지면서 사라지는 효과)을 설정한다.

⑤ 오디오 도구의 [재생]-[편집] 그룹에서 [페이드 지속 시간]의 "페이드인" 시간과 "페이드아웃" 시간을 조절한다.

(3) 오디오 옵션

① 오디오의 볼륨을 조절하기 위해서는 오디오 도구의 [재생]-[오디오 옵션] 그룹에서 [볼륨]을 선택한다.
② 낮음, 중간, 높음, 음소거 중에 하나를 선택한다.
③ [시작] 옵션
  ■ 자동 실행(A) : 해당 슬라이드가 화면에 나타나면 자동으로 오디오 파일이 실행된다.
  ■ 클릭할 때(C) : 슬라이드 화면에 나타난 오디오 아이콘 을 클릭할 때 오디오가 실행된다.
  ■ 모든 슬라이드에서 실행 : 어느 특정 슬라이드에 삽입된 오디오가 모든 슬라이드에서 실행된다.
④ 프레젠테이션 중에 오디오를 계속 반복 재생하려면 [반복 재생]을 선택하면 된다.
⑤ 프레젠테이션 중에 오디오를 재생한 후 되감으려면 [자동 되감기]를 선택한다.
⑥ [쇼 동안 숨기기]를 선택하면 슬라이드 화면에 오디오 파일 표시가 나타나지 않는다.

(4) 책갈피

① 사운드의 특정 부분에 책갈피를 표시하여 사운드 실행 시 특정위치를 바로 선택할 수 있게 하는 기능이다.
② 삽입된 사운드를 실행한 후, 원하는 부분이 들리면 리본메뉴 오디오 도구의 [재생]-[책갈피] 그룹에서 [책갈피 추가]를 선택한다.
③ 사운드 실행 표시 바에 노란색 점이 표시되면서 책갈피가 추가 된다.

④ 책갈피 추가는 하나의 사운드에 여러 번 할 수 있다.
⑤ 책갈피의 제거는 특정 책갈피를 선택한 후, 리본 메뉴에서 [재생]-[책갈피] 그룹에서[책갈피 제거]를 선택하면 된다.

⑥ 책갈피가 적용된 사운드가 실행되고 있는 슬라이드에서 사용자가 마우스 포인터를 사운드에 위치시키면 책갈피 표시가 있는 사운드 진행 바가 나타난다.

⑦ 사용자는 특정 책갈피를 선택하여 사운드의 원하는 부분을 청중에게 들려줄 수 있다.

(5) 사운드 표시 그림 편집

① 슬라이드에 특정 사운드를 선택한다.
② 리본메뉴 오디오 도구의 [서식]-[조정] 그룹에서 [꾸밈 효과]를 클릭하면 사운드 표시 그림의 여러 형태가 나타난다.

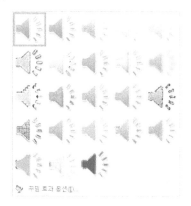

③ 원하는 사운드 표시 그림을 선택한다.

5 비디오

슬라이드에 동영상을 삽입하여 프레젠테이션의 효과를 높일 수 있다. 삽입된 동여상은 기본
적으로 링크만 될 뿐이며 동영여상 자체가 파워포인트 파일에 포함되지는 않는다. 따라서
슬라이드를 작성한 컴퓨터와 다른 컴퓨터에서 프레젠테이션을 진행하려면 해당 동영상 파
일이나 연결 문서를 모두 복사해서 이동해야 한다.

(1) 비디오 삽입

① 빈 슬라이드를 준비한다.
② [삽입]-[미디어] 그룹에서 [비디오]-[내 PC의 비디오(P)]을 선택한다.
③ 슬라이드 쇼를 실행하여 동영상 실행을 확인한다.

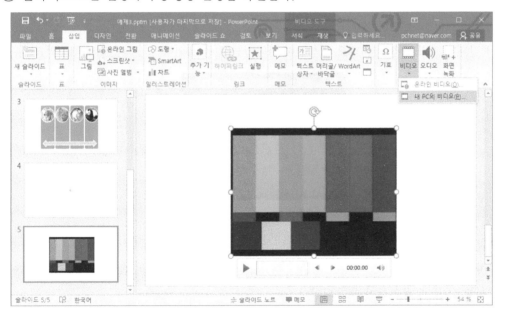

(2) 비디오 제어

① 동영상의 비디오 트리밍 과정의 사운드와 거의 유사하게 "시작 시간"과 "종료 시간의 설정으로 이루어진다.

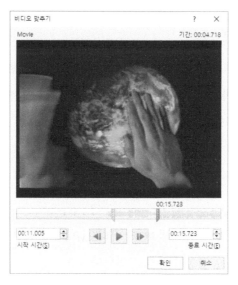

② 책갈피의 추가 과정도 비디오 표시창이 나타나는 것을 제외하고는 사운드의 경우와 같다.

③ "비디오 옵션"의 경우도 사운드의 경우와 같으나 동영상을 화면의 전체 크기로 재생하는 "전체 화면 재생"옵션만 추가되었다.

(3) 비디오 스타일 조정

① 슬라이드에 있는 동영상 파일을 선택하고 비디오 도구의 [서식]-[비디오 스타일] 그룹에
서 [비디오 스타일]-[일반] 그룹에서 "대각선 방행의 모서리 잘림(▨)"을 선택한다.

② [비디오 테두리]를 선택하여 윤곽선의 색, 두께, 대시를 설정한다.

③ [비디오 효과]-[3차원 회전]에서 "축 분리 1 오른쪽으로(▢)"를 선택한다.

④ [비디오 셰이프]-[기본 도형]에서 "하트"를 선택한다.

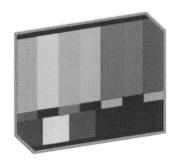 

(4) 비디오 색상 조정

① 동영상의 색상 조절을 위해서는 비디오 도구의 [서식]-[조정] 그룹에서 [수정]-[밝기 및 대
비]를 선택한다.

② 현재 비디오의 밝기 및 대비를 나타내는 위치가 한 가운데 나타나 있다. 변경을 원할 경
우 다른 위치를 선택하면 밝기 및 대비가 변경된다.

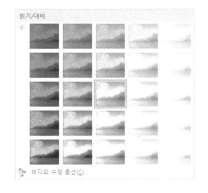

③ 비디오를 흑백으로 만들기 위해서는 같은 그룹에서 [색]-[회색조]를 선택하면 된다.

(5) 온라인 비디오를 슬라이드에 추가

① 리본메뉴에서 [삽입]-[미디어] 그룹에서 [비디오]-[온라인 비디오(O)]를 선택한다.

② "비디오 삽입"창에서 "YouTube"를 선택하고 검색창에 "자전거를 입력하여 검색한다.

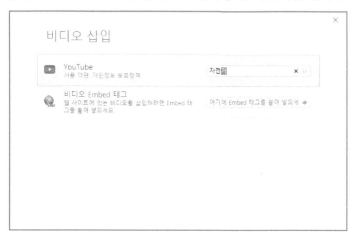

③ 원하는 비디오를 선택하고 [삽입]을 눌러 비디오를 삽입한다.

1   아래와 같이 슬라이드를 작성하라.

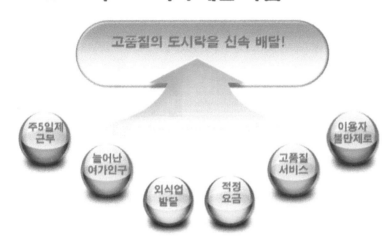

2   아래와 같이 슬라이드를 작성하라.

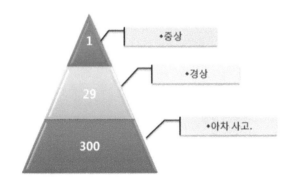

3 클립아트에서 적절한 그림을 찾아 아래와 같은 효과를 갖도록 작성하라. 목
차와 그림은 입체효과를 적용하라.

4 우리나라, 미국, 영국, 일본의 평균 수평을 찾아 아래처럼 작성하라. 배경 사
진은 클립아트에서 "노인"을 검색하여 사용하라.

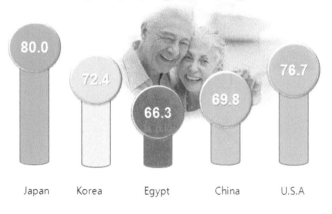

5 WordArt와 SmartArt 그래픽을 이용하여 다음과 같이 작성하라. 제목은 입체 효과 및 그림자 효과를 적용한다. PDCA도해는 부드러운 입체로 하되 오른 쪽은 그라데이션을 준다.

PDCA cycle

P	• Plan • 계획을 세운다
D	• Do • 새운 계획을 실행에 옮긴다
C	• Check • 실행결과를 계획과 비교하여 확인한다
A	• Act • 확인한 사항을 행동에 옮긴다

6 다음과 같은 슬라이드를 작성하되 모차르트의 진혼곡(Requiem) K.626 을 배경음악으로 삽입하라.

Wolfgang Amadeus Mozart

- 1756. 1. 27 – 1791. 12. 5
- 18세기 빈 고전주의 악파
- 주요 작품
  - 피가로의 결혼 서곡
  - 교향곡 41번 쥬피터
  - Allegro

7 모바일 폰이나 디지털 캠코더를 사용하여 자신의 인사말을 동영상을 촬영 한 후 이를 컴퓨터에 저장한다. 아래와 같은 슬라이드에 "나의 인사말"이 동영상 으로 실행되도록 설정한다.

안녕하세요?

04

표와 차트

표는 많은 정보를 함축적으로 표시하기 때문에 현황 파악이나 분석할 때 자주 사용된다. 또한 차트는 표의 내용을 한눈에 이해할 수 있게 시각화하므로 프레젠테이션에서 효과적으로 사용된다. 파워포인트 2007에서 표와 차트는 실과 바늘과 같은 관계이다. 차트를 작성하려면 표가 필요하고, 이들 간에는 언제든지 상호 변환이 가능하다.

1 표

(1) 표 작성

① [삽입]-[표 그룹: 표]를 선택한 후 원하는 행×열만큼 마우스를 끌어 만든다.

② 마우스로 끄는 행×열만큼 표가 실시간으로 슬라이드에 생성되는 것을 확인하라.

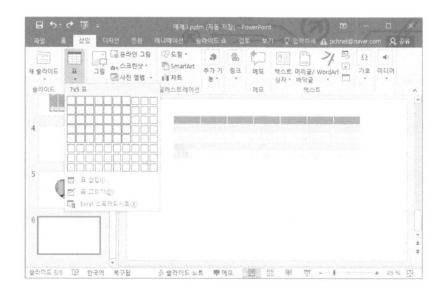

(2) 표에 텍스트 입력

① 표에 텍스트를 입력하는 방법은 일반 문서편집기에서 입력한 방식과 같다. 해당 셀을 선택하고 숫자나 문자를 입력한다.

② 맨 마지막까지 입력하고 Tab키를 치면 새로운 행이 자동적으로 추가된다.

IT산업 연도별 수출입

단위: 백만 달러

구분	1998	2000	2002	2004	2006
수입	20273	41560	35898	49754	58912
수출	36061	63088	57126	93681	113260

마지막 셀에서 Tab키를 치면 아래와 같이 새로운 행 생성

구분	1998	2000	2002	2004	2006
수입	20273	41560	35898	49754	58912
수출	36061	63088	57126	93681	113260

(3) 셀 병합 또는 셀 분할

① 병합 대상 셀을 마우스나 키보드로 블록 선택한 후, 상황별 리본메뉴인 표 도구의 [레이아웃]-[병합] 그룹에서 [셀 병합]을 선택한다.

	1998	2000	2002	2004	2006	2008	2010	비고
한국	2000							
일본		4562				567		
브라질		456						
스위스				456			456	
독일					786			
합계								

② 상황별 리본메뉴인 표 도구의 [디자인]-[테두리 그리기] 그룹에서 [지우개]를 선택하여 병합 대상 셀 사이의 구분선을 지운다.

	1998	2000	2002	2004	2006	2008	2010	비고
한국	2000							
일본		4562				567		
브라질		456						
스위스				456			456	
독일					786			
합계								

③ 셀을 분할하려면 분할 대상 셀을 선택한 후, 상황별 리본메뉴인 표 도구의 [레이아웃]-[병합] 그룹에서 [셀 분할]을 선택한다.

④ 상황별 리본메뉴인 표 도구의 [디자인]-[테두리 그리기] 그룹에서 [표 그리기]를 선택하여 분할 대상 셀에 구분선을 긋는다.

	1998	2000	2002	2004	2006	2008	2010	비고
한국	2000							
일본		4562				567		
브라질		456						
스위스				456			456	
독일					786			
합계								

(4) 행/열 추가 또는 삭제

① 표에 행이나 열을 추가하려면 특정 셀에 커서를 위치시킨 후, 리본메뉴 표 도구의 [레이아웃]-[행 및 열] 그룹에서 [위에 삽입], [아래에 삽입], [왼쪽에 삽입], [오른쪽에 삽입] 중 하나를 선택하면 된다.

	1998	2000	2002	2004	2006	2008	2010	비고
한국	2000							
일본		4562		커서 위치		57		
브라질		456						
스위스				456			456	
독일					786			
합계								

② 표에 있는 행이나 열을 삭제하려면 특정 셀에 커서를 위치시킨 후, 리본메뉴 표 도구의 [레이아웃]-[행 및 열] 그룹에서 [삭제]-[행 삭제(R)]를 선택한다.

	1998	2000	2002	2004	2006	2008	2010	비고
한국	2000							
일본		4562			567			
브라질	커서 위치							
스위스				456			456	
독일					786			
합계								

(5) 텍스트의 위치 및 방향 맞추기

① 셀에 입력된 텍스트의 위치를 맞추려면 리본메뉴 표 도구의 [레이아웃]-[맞춤] 그룹에서 "가로 또는 세로 맞춤 기능"을 선택하면 된다.

② 셀에 입력된 텍스트의 방향을 맞추기 위해서는 리본메뉴 표 도구의 [레이아웃]-[맞춤] 그룹에서 [텍스트 방향]을 클릭하여 원하는 텍스트 방향을 선택한다.

③ 셀에 입력된 텍스트와 셀의 테두리선 사이의 여백을 조절하기 위해서는 리본메뉴 표 도구의 [레이아웃]-[맞춤] 그룹에서 [셀 여백]을 클릭하여 원하는 여백을 선택한다.

(6) 표의 행/열 너비를 동일하게 맞추기

기본형식으로 생성된 표의 각 셀은 행/열의 너비가 일정하다. 그러나 셀에 데이터를 입력하거나 편집을 하다보면 표의 행과 열의 너비가 달라진다. 이러한 경우, 너비를 맞추기 위해 일일이 마우스로 테두리를 드래그 하여 조정할 수도 있지만 효율적이지 못하다.

① 너비를 동일하게 맞추고자하는 영역을 마우스를 드래그 하여 블록을 설정한다.

	1998	2000	2002	2004	2006	2008	2010	비고
일본		4562				567		
브라질		456						
스위스				456			456	
독일					786			
합계								

② 리본메뉴 표 도구의 [레이아웃]-[셀 크기] 그룹에서 [열 너비를 같게]를 선택한다.

	1998	2000	2002	2004	2006	2008	2010	비고
일본		4562				567		
브라질		456						
스위스				456			456	
독일					786			
합계								

③ 표 전체를 블록으로 설정한다.

	1998	2000	2002	2004	2006	2008	2010	비고
일본		4562				567		
브라질		456						
스위스				456			456	
독일					786			
합계								

④ 리본메뉴 표 도구의 [레이아웃]-[셀 크기] 그룹에서 [행 높이를 같게]를 선택한다.

	1998	2000	2002	2004	2006	2008	2010	비고
일본		4562				567		
브라질		456						
스위스				456			456	
독일					786			
합계								

(7) 표 스타일 지정

① 파워포인트 2016에서는 다양한 표 스타일을 제공한다.

② 앞에서 만든 "IT산업 연도별 수출입"표의 첫 번째 열에 스타일을 지정해 보자.

③ 표 도구에서 [디자인]-[표 스타일 옵션] 그룹의 ☑ 머리글 행과 ☑ 첫째 열을 선택한다.

④ [디자인]-[표 스타일]에서 자세히 단추(▼)를 선택한다.

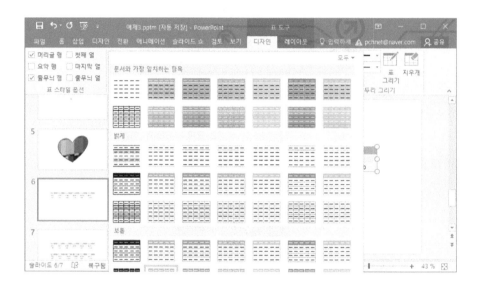

⑤ "보통"-"보통 스타일 2, 강조1"을 선택한다. 머리글과 첫째 열이 강조되는 것을 확인한다.

⑥ [표 스타일 옵션]에서 줄무늬 행을 선택하면, 행에 줄무늬가, 줄무늬 열을 선택하면, 열에 줄무늬가 실시간으로 나타나는지도 확인하라.

(8) 테두리와 셀에 효과주기

① 테두리와 셀을 선택하여 임의의 효과를 줄 수 있다. 앞에서 작성한 표를 선택한다.

② [디자인 탭]-[테두리 그리기]에서 "펜 두께:3.0point, 펜 색: 진한 파랑, 텍스트2, 25% 더 어둡게"를 선택한다.

③ 수정하고자 하는 표 내부를 드래그 하여 선택한다(여기에서는 셀 전체를 선택하자). 그런 다음 [디자인 탭]-[표 스타일] 그룹에서 [테두리] 명령단추 ▦▾를 클릭하여 "바깥쪽 테두리"를 선택한다. 앞에서 지정한 펜 두께와 펜 색으로 표가 변하는 것을 확인한다.

구분	1998	2000	2002	2004	2006
수입	20273	41560	35898	49754	58912
수출	36061	63088	57126	93681	113260

④ 표 전체를 선택한 다음 [디자인 탭]-[표 스타일] 그룹에서 [효과] 명령단추 ▨▾를 클릭한 후 "셀 입체 효과: 둥글게"를 선택한다. 둥근 입체효과의 셀로 변하는 것을 확인한다.

구분	1998	2000	2002	2004	2006
수입	20273	41560	35898	49754	58912
수출	36061	63088	57126	93681	113260

⑤ 표에 반사 효과를 가미해 보자. 가 변하는 것을 확인한다. 표 전체를 선택한 다음 [디자인 탭]-[표 스타일] 그룹에서 [효과] 명령단추 ▨▾를 클릭한 후 [반사]-[반사변형]에서 "근접 반사, 터치"를 선택한다. 그림자 옵션을 선택하여 그림자 길이 등 다양한 변화를 줄 수 있다.

구분	1998	2000	2002	2004	2006
수입	20273	41560	35898	49754	58912
수출	36061	63088	57126	93681	113260

2 차트

수치 데이터만으로는 이해하기 어려운 데이터를 그래프 형태로 알기 쉽게 표현한 것을 차트라 한다. Excel 2016의 차트는 리본 메뉴에서 차트의 종류, 차트의 레이아웃 및 차트 스타일을 선택하면 전문적인 형식으로 차트를 만들 수 있다. 또한, 자주 사용하는 차트를 차트 서식 파일로 저장하면 새 차트를 만들 때 마다 차트 서식을 적용할 수 있어 작업 능률을 향상 시킬 수 있다.

(1) 차트의 구성 요소

차트 안의 요소들은 각각 분리되어 사용자가 따로 선택하고 서식을 지정할 수 있으며 차트 영역 안에서 드래그 하여 위치를 이동하거나 크기 조절, 삭제할 수 있다.

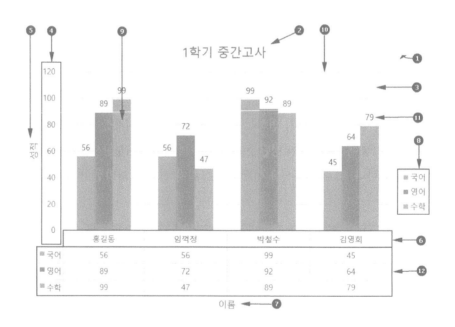

❶ **차트 영역** - 차트의 전체 영역, 차트의 위치와 크기 조절 및 글꼴을 조절할 수 있다.

❷ **차트 제목** - 차트의 내용을 대표하는 제목으로 텍스트 상자에 입력되어 있다.

❸ **그림 영역** - 실제 그래프가 표시되는 영역이다.

❹ **Y축** - 그래프의 높낮이를 결정하는데 기준이 되는 수치 자료를 나타내는 선이다.

❺ **Y축 제목** - Y축 수치가 무었을 의미하는지 알려주는 문자열이다.

❻ **X축** - 그래프가 표시될 각 문자 자료의 자리이다.

❼ **X축 제목** - X축 문자열이 무었을 의미하는지 알려주는 문자열이다.

❽ **범례** - 그래프의 각 색이나 모양이 어떤 데이터 계열인지 알려주는 표식이다.

❾ **데이터 계열** - 차트로 표현되고 있는 각각의 그래프를 의미하며 계열마다 다른 색이나 무늬를 가진다.

❿ **눈금선** - 값 축이나 항목 축의 눈금을 그림 영역 안에 선으로 그어 표시한 것이다.

⓫ **데이터 레이블** - 한 개의 데이터 요소 또는 값을 나타내는 데이터 표식이다.

⓬ **데이터 표** - 차트로 표현된 수치 데이터를 표로 나타낸 것이다.

(2) 차트 직접 삽입

① [삽입]-[일러스트레이션] 그룹에서 [차트]를 클릭한다.

② 차트삽입 대화상자에서 원하는 차트를 선택한다(여기에서는 "세로막대형: 묶은 세로 막대형"을 선택하자).

③ Excel이 실행되면서 선택한 차트 형식에 맞는 임의의 자료가 담긴 창이 나타나다.

	A	계열 1	계열 2	계열 3	E	F	G	H	I
1		계열 1	계열 2	계열 3					
2	항목 1	4.3	2.4	2					
3	항목 2	2.5	4.4	2					
4	항목 3	3.5	1.8	3					
5	항목 4	4.5	2.8	5					
6									

④ 다음과 같이 연도와 숫자를 입력한다. 모두 입력 후 오른쪽 아래 모서리를 끌어 자료가 있는 영역을 조절 한 후 Excel 창을 종료한다.

	A	B	C	D	E	F	G	H	I
1	구분	2015	2016	2017	2018	2019			
2	수입	20273	41560	35898	49754	58912			
3	수출	36060	63088	57126	93681	113260			
4									
5									
6									

⑤ 앞 절에서 작성한 표가 있는 슬라이드에 차트를 삽입하면 아래와 같다.

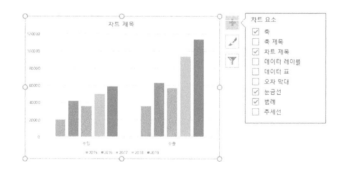

(3) 차트에서 행/열 변환하기

① 차트 작성 시 간단한 조작으로 행렬을 변환하여 표시할 수 있다.

② 앞에서 삽입한 차트를 선택한다.

③ [디자인 탭]-[데이터] 그룹에서 [데이터 선택]을 클릭한다.

④ Excel 창이 열리면 "데이터 원본" 대화상자에서 [행/열 전환]을 클릭하고 [확인]을 누른다.

⑤ 행렬이 전환되고 아래와 같은 차트로 변하는 것을 확인한다.

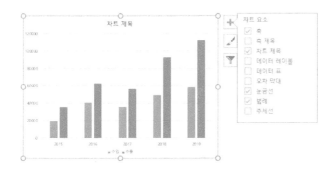

⑥ 차트삽입 대화상자에서 원하는 차트를 선택한다(여기에서는 "세로막대형: 묶은 세로 막대형"을 선택하자).

(4) 차트 종류 바꾸기

① 일단 작성해 놓은 차트는 간단한 조작만으로 다른 종류의 차트로 변경할 수 있다.

② 앞에서 작성한 차트를 선택하고 [디자인 탭]-[종류] 그룹에서 [차트 종류 변경]을 클릭한다.

③ [꺾은 선]-[표식이 있는 꺾은 선형]을 클릭한다.

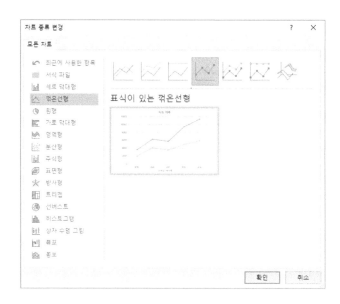

④ 이와 같은 방식으로 다양한 차트를 작성하거나 변경할 수 있다.

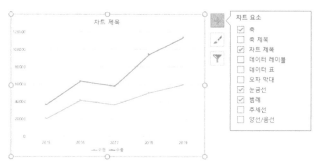

(5) 차트 레이아웃 지정하기

① 앞에서 작성한 차트를 선택한다.

② [디자인]-[차트 레이아웃] 그룹에서 [빠른 레이아웃]을 클릭한 후 원하는 레이아웃을 선택한다(여기에서는 레이아웃 9를 선택하자).

③ "차트 제목"을 선택하여 제목을 입력한다.

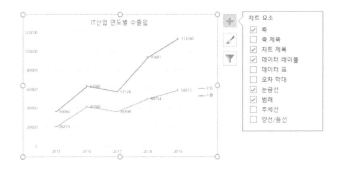

④ [디자인 탭]-[차트 스타일] 그룹에서 [빠른 스타일]을 클릭한 후 원하는 [스타일 5]를 선택한다. 표식 방식이 입체적으로 바뀐 것을 확인하라.

⑤ 숫자의 위치를 조정하면 다음과 같이 차트가 완성된다.

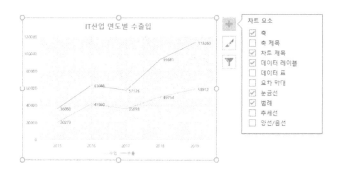

(6) 레이아웃 탭으로 차트 요소 선택/변경하기

① 차트를 선택한다.
② [레이아웃]-[레이블]에서 [차트 제목], [축 제목], [범례] 등을 클릭하여 삽입/변경/제거 할
    수 있다.

③ [레이아웃]-[축]에서 [기본 가로축], [기본 세로 축]을 선택하여 삽입/변경/제거 할 수 있다.
④ [레이아웃]-[현재 선택 영역]에서 영역을 선택하고 선택영역을 변경할 수 있다.

⑤ 다음은 [레이아웃]-[레이블]에서 [축 제목]을 선택하고 가로에 "연도", 세로에 "금액"을 추
  가한 사례이다.

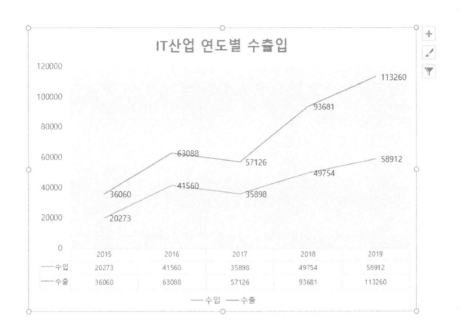

1 표를 다음과 같이 자기의 시간표를 작성하라. 제목은 워드아트로, 셀은 입체 효과를 갖게 작성하라.

2009년 1학기 강의시간표

	Mon	Tue	Wed	Thu	Fri
1교시	발명과 특허				미래학
2교시	발명과 특허	인간공학	발명과 특허		미래학
3교시		인간공학	파워포인트	미래학	
4교시	파워포인트		파워포인트	인간공학	
5교시					
6교시	남녀심리				
7교시	남녀심리		남녀심리		
8교시					
9교시					

2 다음과 같은 MT일정표를 작성하라.

구 분	시 간	내 용	시설 사용
1일차	12:00~	도착(방 배정)	버스3대
	14:00 ~	발표	콘도 세미나실
	18:00 ~	식사	식당
	19:00 ~	공연	야외 공연장
	21:00 ~	세면/취침준비	콘도
2일차	07:00 ~	기상/세면/식사	식당
	09:00 ~	서바이벌 게임	서바이벌 게임장
	12:00 ~	중식	식당
	13:00 ~	게임	야외 공연장
	18:00 ~	석식	식당
	19:00 ~	공연 및 영화상영	야외 공연장
	21:00 ~	세면/취침준비	콘도
3일차	07:00 ~	기상/세면/식사	식당
	09:00 ~	워크샵	세미나 실
	12:00 ~	해산	버스3대

3 아래와 같은 Pie 차트를 작성하라. 제목은 워드아트로 작성하되 그림자 효과
를 삽입하라. 설명선은 도형을 삽입하여 처리하라.

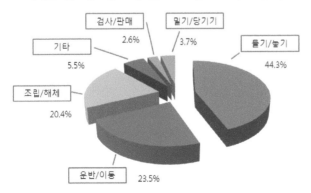

05

슬라이드 마스터

파워포인트를 사용할 때 슬라이드 마스터는 문서를 좀더 빠르고 편리하게 편집할 수 있는 방법이다. 슬라이드 마스터를 편집해 두면 좋은 점은 목록, 폰트, 이미지 스타일 등을 슬라이드마다 편집할 필요 없이 해당 슬라이드는 선택하는 것만으로도 쉽게 적용할 수 있기 때문이다. 파워포인트는 다양한 템플릿를 제공하고 있기 때문에 먼저 마음에 드는 템플릿(테마)를 선택해서 편집을 하는 것이 좋은 방법입니다. 만약 마음에 드는 테마가 없는 경우 본인이 처음부터 만들 수도 있다.

1 슬라이드 마스터의 이해

프레젠테이션은 보통 표지와 여러 장의 슬라이드로 구성된다. 만일 새로 슬라이드나 기존에 작성해 놓은 슬라이드의 서식(글꼴, 배경, 스타일 등)을 일일이 수작업으로 변경해 주어야 한다면 시간도 많이 소요되고 효율성이 떨어질 것이다. 슬라이드 마스터는 슬라이드에 공통적으로 적용하는 배경, 제목 텍스트 상자의 서식, 단락의 글머리 및 글꼴 서식 등 다양한 요소의 스타일을 한꺼번에 지정할 수 있는 일종의 "슬라이드 틀"을 담아 놓은 특별한 슬라이드이다. 슬라이드 마스터를 이용하면 슬라이드 작성 및 수정 작업을 빠르고 손쉽게 할 수 잇을 뿐만 아니라 파일 크기도 작게 유지할 수 있다.

슬라이드 마스터는 두 종류의 슬라이드로 구성되는데 편의상 마스터 슬라이드와 하위 레이아웃 슬라이드로 구분한다. 마스터 슬라이드는 모든 슬라이드의 부모가 되며 가장 기본적인 레이아웃을 정의하는 슬라이드이다. 그리고 이 마스터 슬라이드의 형식을 상속받아 하위 레이아웃 슬라이드가 생성되며, 사용자가 원하는 레이아웃 형식을 각 하위 레이아웃 슬라이드에 적용하게 된다.

마스터 슬라이드에서 레이아웃의 위치, 크기, 폰트, 색, 배경, 테마 등을 변경하면 이들이 하위 레이아웃 슬라이드에 반영된다. 또한 마스터 슬라이드에 머리글/바닥글 등을 삽입하면 이들이 모든 하위 레이아웃 슬라이드에 반영되어 실제 슬라이드 문서에도 영향을 미친다.

슬라이드 마스터는 프레젠테이션 문서 전체에 통일성을 주면서 신속하고 편리한 문서작업이 될 수 있도록 하는 기능이다. 따라서 일정 규모 이상의 많은 슬라이드로 구성된 프레젠테이션 문서를 작성할 경우에는 반드시 적용할 필요가 있다.

(1) 슬라이드 마스터

슬라이드 마스터는 기본적으로 하나의 마스터 슬라이드와 11개의 하위 레이아웃 슬라이드로 구성된다. 11개의 하위 레이아웃 슬라이드는 수정, 추가, 삭제할 수 있다.

① [보기]-[마스터 보기] 그룹에서 [슬라이드 마스터]를 선택하여 슬라이드 마스터를 연다. 아래와 같은 슬라이드 마스터 화면이 나타나다.

② 상단에 마스터 슬라이드를 파워포인트 2016에서는 "Office 테마 슬라이드 마스터"라고 한다.

③ 마스터 슬라이드 하위에 붙어있는 2번째 슬라이드부터가 하위 레이아웃 슬라이드이다.

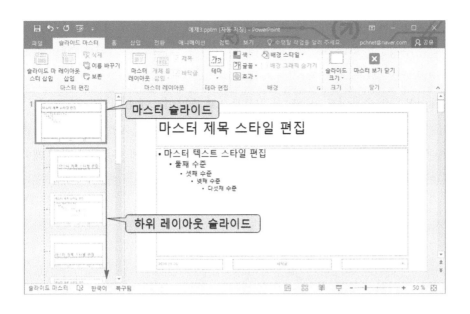

(2) 하위 레이아웃 슬라이드

① 하위 레이아웃 슬라이드는 제목 슬라이드, 제목 및 내용, 구역 머리글, 콘텐츠 2개, 비교, 제목만, 빈 화면, 캡션 있는 콘텐츠, 캡션 있는 그림, 제목 및 세로 텍스트, 세로제목 및 텍스트로 구성되어 있다.

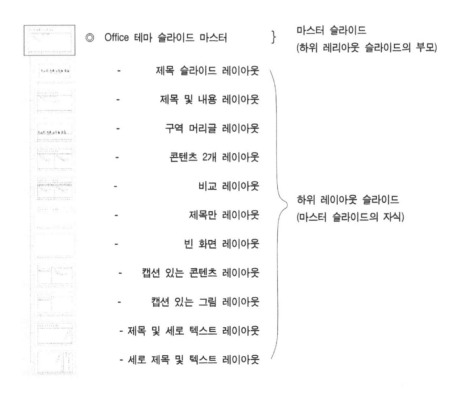

하나의 프레젠테이션은 하나 이상의 마스터를 포함 할 수 있고, 각 슬라이드 마스터는 디자인 서식파일을 구성하는 하나 이상의 레이아웃을 포함할 수 있다. 위 그림은 1개의 슬라이드 마스터에 여러 개의 레이아웃이 들어 있는 예이다.

슬라이드 레이아웃은 슬라이드 마스터의 일부분으로 슬라이드에 표시할 형식을 정의 한다. 레이아웃은 일종의 "틀"로 제목, 글머리 목록, SmartArt 그래프, 표, 차트, 그림, 도형, 클립아트 등의 콘텐츠가 있다. 기본적으로 제공하는 표준 레이아웃이외에 사용자가 직접 레이아웃을 만들어 저장해 놓고 사용할 수 도 있다.

2. 슬라이드 마스터의 편집

모든 슬라이드에 같은 모양의 배경을 지정하는 방법으로는 배경서식을 이용하는 방법과 배경그림을 이용하는 방법이 있다.

(1) 슬라이드 마스터의 배경을 배경서식으로 지정

① [슬라이드 마스터]-[배경] 그룹에서 [배경 스타일]을 선택한다.

② 원하는 배경을 선택하거나 [배경 서식(B)]을 선택하여 사용자가 지정할 수 있다. [배경 서식(B)]을 선택하면 배경서식 대화가 상자가 나타난다.

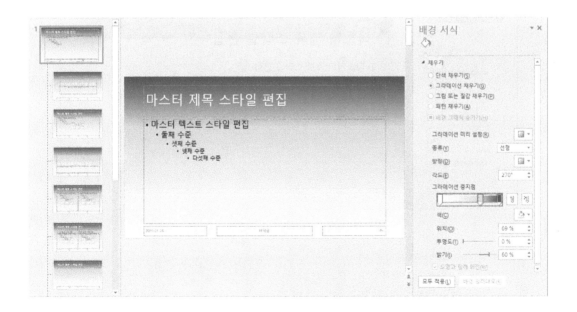

③ [채우기]항목에서 [그라데이션 채우기]를 택하고 [그라데이션 중지점]에 원하는 색상을 택한다.

④ [방향]을 선택하여 그라데이션 방향을 바꿀 수 도 있다.

(2) 슬라이드 마스터에 배경을 그림으로 꾸미기

사용자가 가지고 있는 그림 또는 사진을 슬라이드 마스터의 배경으로 하여 모든 슬라이드에 적용할 수 있다.

① [보기]-[마스터 보기] 그룹에서 [슬라이드 마스터]를 선택한다.

② 슬라이드 마스터 창이 나타나면 [삽입]-[이미지] 그룹에서 [그림]을 클릭한다.

③ [그림 삽입]대화창이 나타나면 배경으로 넣고 싶은 그림을 삽입한다.

④ 아래와 같은 선택한 그림이 슬라이드 전체에 배경으로 적용된다.

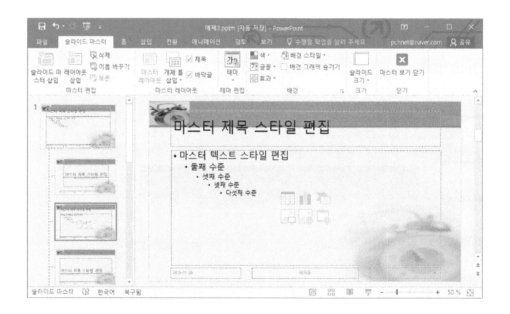

⑤ 배경 그림에 맞게 마스터 슬라이드를 조정한다.

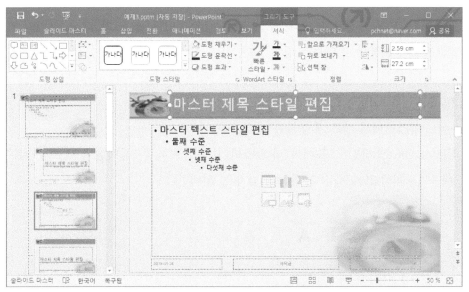

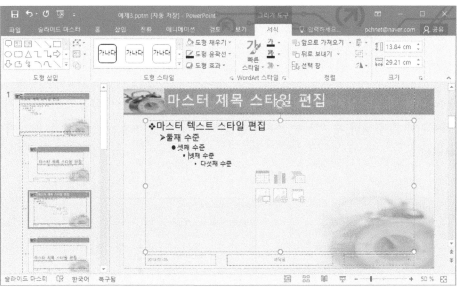

(3) 슬라이드 마스터의 텍스트 스타일 변경

슬라이드 마스터에서 스타일을 지정하여 놓으면 모든 슬라이드에 동일하게 적용되어 일관성이 있는 슬라이드를 작성할 수 있다. 또한, 향후 이 스타일(글꼴, 크기, 색상, 글머리 기호 등)을 일괄적으로 변경할 수 있는 장점이 있다.

① [보기]-[마스터 보기] 그룹에서 [슬라이드 마스터]를 선택한다.
② 슬라이드 마스터에서 제목 개체 틀을 선택한다.
③ [서식]-[WordArt 스타일] 그룹에서 [빠른 스타일]을 클릭한 후 "선택한 텍스트에 적용"에서 "채우기 - 회색-25%, 배경 2, 안쪽 그림자"를 선택한다.

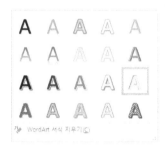

④ 본문의 내용 텍스트 상자에서 첫 번째 단락을 선택한 후 [홈]-[단락] 그룹의 [글머리 기호]의 목록단추를 클릭한 후 원하는 스타일을 선택하거나 "글머리 기호 및 번호 매기기"를 선택한다.

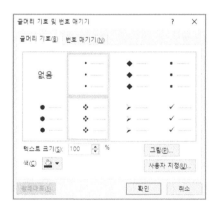

⑤ "글머리 기호 및 번호 매기기" 대화상자가 열리면 "글머리 기호(B)"탭에서 원하는 스타일을 선택한다.

⑥ 첫 번째 단락을 선택한 상태에서 [홈]-[글꼴] 그룹에서 글자체, 글꼴 크기, 글꼴 속성, 글꼴 색을 원하는 방향으로 조절한다.

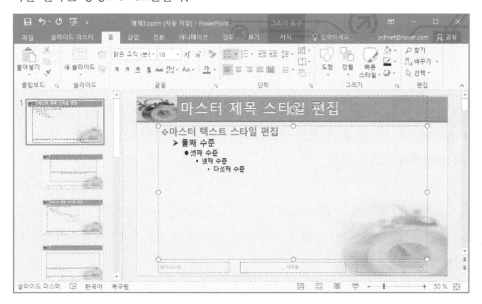

⑦ [서식]-[도형 스타일] 그룹에서 자세히(⌄)를 클릭하여 "반투명 - 주황, 강조 2, 윤곽선 없음"를 선택한다.

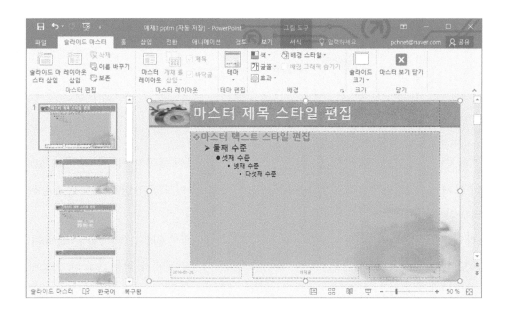

(4) 슬라이드 마스터에 테마 적용

슬라이드 마스터에 테마를 적용하는 것은 사용자가 일일이 슬라이드 마스터에 배경, 색, 폰트 등을 지정하지 않고 전문가에 의해 잘 만들어진 디자인 체계를 가져와서 그대로 적용하는 것으로 이해하면 된다.

슬라이드 마스터에 테마 적용은 마스터 슬라이드 단위로만 가능하다. 만약 하위 레이아웃 슬라이드별로 다른 테마를 적용하려면 새로운 마스터 슬라이드를 추가하여 마스터 슬라이드별로 다른 테마를 적용한 후, 문서를 작성할 때 서로 다른 테마가 적용된 하위 레이아웃 슬라이드를 선택해야 한다.

① 슬라이드 마스터 화면모드에서 마스터 슬라이드를 선택한 후, 리본메뉴의 [슬라이드 마스터]-[테마 편집] 그룹에서 [테마]를 선택한다. 그리고 나타난 선택창에서 "어린이 테마"를 선택한다.

② 마스터 슬라이드와 하위 레이아웃 슬라이드에 무두 어린이 테마가 적용된다. 그리고 [마스터 보기 닫기]를 선택한다. 그러면 작업중인 모든 슬라이드에 어린이 테마가 적용되어 나타난다.

③ 이 작업은 슬라이드 작업창 리본메뉴의 [디자인]-[테마]에서 원하는 테마를 선택하여 적용해도 된다. 따라서 파워포인트에서 테마 적용은 디자인체계가 적용된 슬라이드 마스터를 문서에 적용하는 것과 같은 개념이다.

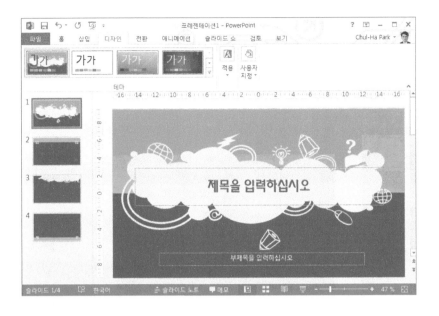

(5) 슬라이드에 머리글, 바닥글, 날짜 지정, 번호 넣기

슬라이드 마스터에 머리글/바닥글을 지정해 놓으면 모든 슬라이드에 똑 같이 나타난다. 회사 이름이나 프로젝트명을 머리글이나 바닥글로 지정해 놓는 경우가 많다. 텍스트 대신에 기호나 그림 등을 지정할 수 도 있다.

① 슬라이드 마스터를 선택 한 후 [삽입]-[텍스트] 그룹에서 [머리글/바닥글] 명령단추를 클릭한다.

② 머리글/바닥글 대화상자가 열리면 "슬라이드 탭"에서 "슬라이드 번호", "바닥글", "제목 슬라이드에는 표시 안함"에 체크 표시를 한다.

③ 바닥글에 원하는 내용을 입력한다(예: 파워포인트 2016).

④ [모두 적용]을 클릭한다.

⑤ 바닥글의 글꼴 크기, 글꼴 색 등을 조정한다.

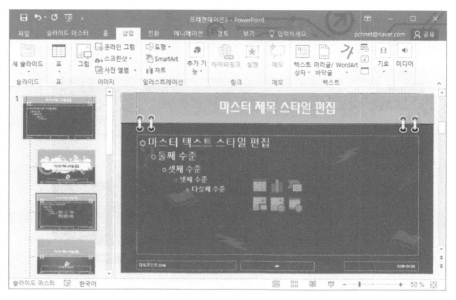

⑥ 날짜, 바닥글, 슬라이드 번호 개체를 선택하여 글꼴을 바꾸거나 위치를 변경할 수 있다.

(6) 하위 레이아웃 슬라이드 추가

① 슬라이드 마스터 화면 모드에서 레이아웃을 추가하려는 위치에 커서를 위치시키고 [슬라이드 마스터]-[마스터 편집] 그룹에서 [레이아웃 삽입]을 클릭한다.

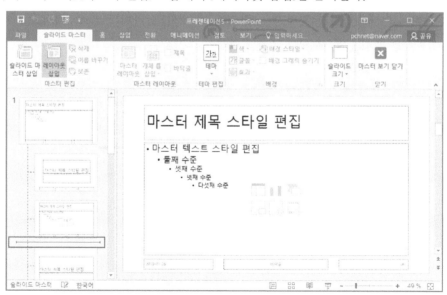

② 커서가 위치하던 곳에 "사용자 지정 레이아웃" 레이아웃이 추가된 것을 확인한다.

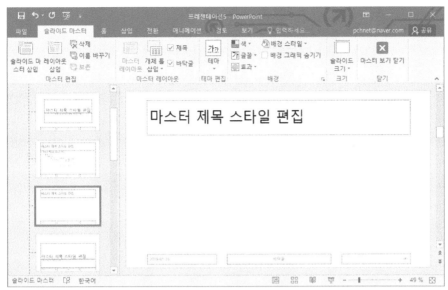

③ 삽입된 레이아웃을 선택하고 마우스 우측 버튼을 클릭하여 "레이아웃 이름 바꾸기(R)"을 선택한다.

④ 레이아웃의 이름을 "내용만"으로 바꾸고 레이아웃을 수정한다.

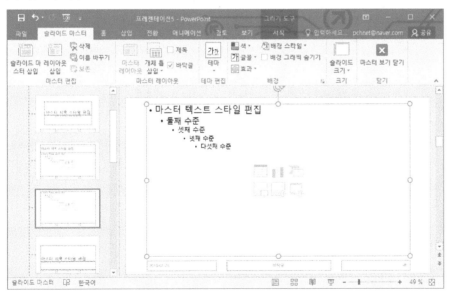

⑤ [마스터보기 닫기]를 선택하고 [홈]-[슬라이드] 그룹에서 [슬라이드 레이아웃을 클릭한다.

⑥ 추가된 사용자 정의 레이아웃 "내용만" 나타나는지 확인한다.

(7) 하위 레이아웃 슬라이드 삭제

① 하위 레이아웃 슬라이드를 삭제하려면 슬라이드 마스터 화면모드에서 삭제하고자 하는
   하위 레이아웃 슬라이드를 선택한 후, 마우스 오른쪽 메뉴에서 [레이아웃 삭제(D)]를 선
   택하면 된다.

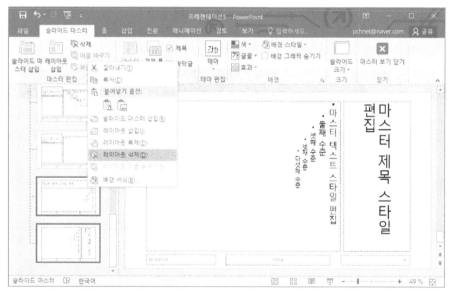

② 레이아웃이 삭제되었는지 확인한다.

(8) 마스터 슬라이드 추가

프레젠테이션 문서는 일반적으로 1개의 마스터 슬라이드를 갖는 것이 대부분이지만 경우에 따라 여러 개의 마스터 슬라이드를 갖는 문서를 만들 수도 있다. 일반적으로 내용의 흐름이 단절되고 극적인 전환이 있는 부분이나, 다른 주제로 설명이 넘어갈 때 마스터 슬라이드를 변경하는 경우가 많다. 하지만 마스터 슬라이드를 너무 많이 사용하는 것은 청중의 집중을 방해하는 요소가 될 수 있으므로 사용을 자제해야 한다.

① 슬라이드 마스터 화면모드의 리본메뉴에서 [슬라이드 마스터]-[마스터 편집] 그룹에서 [슬라이더 마스터 삽입]을 선택한다. 그러면 아래와 같이 하단에 새로운 마스터 슬라이드 가 추가된다.

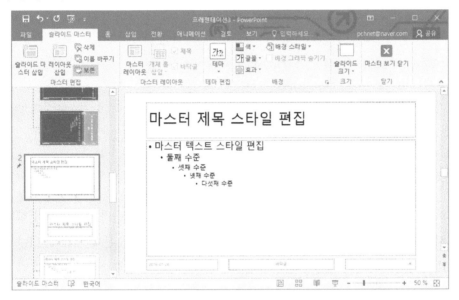

② 생성된 마스터 슬라이드의 이름을 변경하기 위하여 리본메뉴에서 [슬라이드 마스터]-[마 스터 편집] 그룹에서 [이름 바꾸기]를 선택하거나 마우스 오른쪽 메뉴에서 [마스터 이름 바 꾸기]를 선택한다. 그리고 나타난 팝업창에 이름을 "마스터 슬라이드 추가"로 변경한다.

③ 확인을 위하여 [마스터보기 닫기]를 선택하고 [홈]-[슬라이드] 그룹에서 [슬라이드 레이아웃을 클릭한다.

(9) 마스터 슬라이드 삭제

① 문서에 있는 특정 마스터 슬라이드를 삭제하려면 아래와 같이 슬라이드 마스터 화면모드에서 삭제하고자 하는 마스터 슬라이드를 선택하고 마우스 오른쪽 메뉴에서 [마스터 삭제]를 선택한다.

3 유인물/슬라이드 노트 마스터 만들기

(1) 유인물 및 슬라이드 노트에 슬라이드 번호, 머리글, 바닥글, 날짜 지정

① 슬라이드 노트와 유인물에도 슬라이드 번호, 머리글, 바닥글, 날짜를 지정할 수 있다.

② 슬라이드 마스터를 선택 한 후 [삽입]-[텍스트] 그룹에서 [머리글/바닥글] 명령단추를 클릭한다.

③ 머리글/바닥글 대화상자가 열리면 "슬라이드 노트 및 유인물 탭"에서 "날짜 및 시간, 머리글, 페이지 번호, 바닥글에서 원하는 항목을 체크한다.

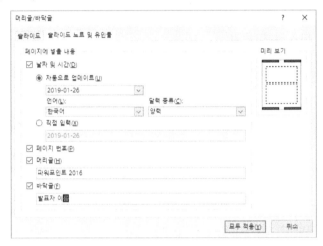

④ 머리글과 바닥글에 원하는 내용을 입력한다(예: 파워포인트 2016, 발표자 이름).

⑤ [모두 적용]을 클릭한다.

(2) 슬라이드 노트 마스터 만들기

파워포인트로 만든 문서는 대부분 발표에 적합한 형태로 만들어진다. 따라서 함축적 내용으로 구성되기 때문에 발표자가 화면만 보고 설명하기가 힘들 수 있다.

이러한 어려움을 해결하기 위해 발표자가 발표용 원고 또는 해당 슬라이드와 관련한 자료 등을 별로도 기록해 두고 발표 시 이용할 수 있도록 하는 것이 슬라이드 노트이고, 슬라이드 노트의 규격을 지정하는 것이 슬라이드 노트 마스터이다.

① 각 슬라이드 하단에 있는 Bar를 위로 드래그해서 슬라이드 노트를 입력할 공간을 확보하고 발표할 때 참고할 수 있는 내용을 입력한다.

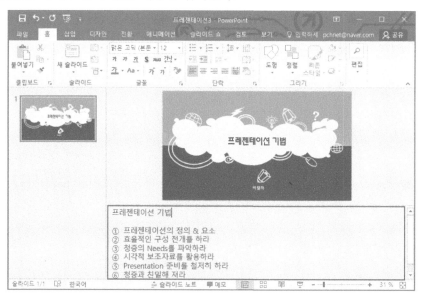

② 아래화면과 같은 슬라이드 노트 마스터 화면이 나타나며 여기에 있는 리본메뉴 기능을 적절히 선택하여 슬라이드 노트에 대한 레이아웃을 만든다.

③ 여기에서는 "슬라이드 노트 방향(세로)", "슬라이드 크기(와이드)", "머리글", "슬라이드 이미지", "바닥글", "날짜", "본문", "페이지 번호"를 선택하고 배경 스타일(스타일 10)을 선택한다.

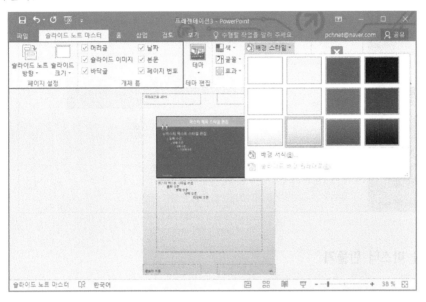

④ 노트 내용이 들어가는 하단의 텍스트 상자의 "글꼴", "글머리" 등의 서식을 완성하고 [마스터 보기 닫기]를 클릭한다.

⑤ 리본메뉴의 [보기]-[프레젠테이션 보기] 그룹에서 [슬라이드 노트]를 선택한다. 그러면 아래와 같이 앞에 지정한 형식대로 슬라이드 노트 화면이 나타난다.

⑥ 슬라이드 노트를 인쇄하기 위해 BackStage 메뉴인 [파일]-[인쇄]를 선택한 후, 우측의 상세 옵션화면에서 "슬라이드 노트"를 선택한다.

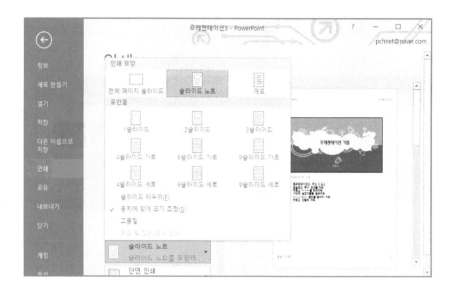

(3) 유인물 마스터 만들기

파워포인트로 작성된 문서는 주로 모니터나 빔 프로젝터 등을 통해 청중에게 발표된다. 이때 청중에게 슬라이드 내용을 알려줄 수 있는 인쇄물이 필요하다. 슬라이드 내용을 인쇄하기 위한 규격을 지정한 것이 유인물 마스터 이다.

① 완성된 파워포인트 문서를 열고 리본메뉴에서 [보기]-[마스터 보기] 그룹에서 [유인물 마스터]를 선택한다.

② 아래와 같이 유인물 마스터를 작성할 수 있는 화면이 나타나며 여기에서는 유인물 방향
(세로), 슬라이드 크기(와이드 스크린), 한 페이지에 넣을 슬라이드 수(3슬라이드), 배경
스타일(스타일 10)을 선택한다.

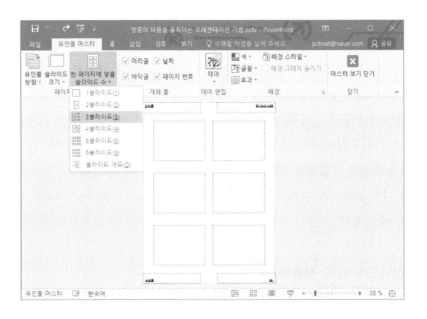

③ 작성이 완료되었으면 [마스터 보기 닫기]를 클릭한다.
④ 유인물로 인쇄하기 위해 BackStage 메뉴인 [파일]-[인쇄]를 선택한 후, 우측의 상세 옵션
화면에서 "3슬라이드"를 선택한다.

4 슬라이드와 테마

파워포인트 2016의 "디자인" 메뉴에는 하위메뉴로 "테마(theme)가 있다. 사용자는 테마 메뉴에 있는 각종 디자인 서식을 선택하여 자신이 작성한 프레젠테이션 문서 전체에 통일된 배경, 글꼴, 그래픽, 효과를 적용할 수 있다.

테마란 프레젠테이션 문서의 배경, 배색, 글꼴, 글자색, SmartArt 등에 적용할 디자인 집합이며, 사용자들은 파워포인트에서 기본으로 제공하는 테마나 Office Online에서 다운받은 테마, 그리고 사용자들이 직접 만든 테마를 슬라이드에 적용할 수 있다.

다음은 파워포인트 2016에서 기본으로 제공하는 테마이다. 각각의 테마는 고유한 이름과 디자인적 특징을 갖고 있다.

(1) 모든 슬라이드에 테마 적용하기

① 아래와 같이 빈 슬라이드 3개를 만들고, 리본메뉴에서 [디자인]-[테마] 그룹에서 [자세히] 를 클릭한다. 그러면 테마선택 화면이 나타나며 여기에서 "어린이 테마"를 선택한다.

② 그러면 아래와 같이 앞에서 만든 빈 슬라이드 모두에 "어린이 테마"가 적용되어 나타난다.

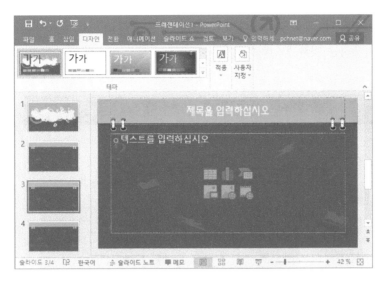

③ 리본메뉴의 [홈]-[슬라이드] 그룹에서 [새 슬라이드]를 클릭하면 처음과 다르게 레이아웃 전체에 "어린이 테마"가 적용된 것을 확인할 수 있다.

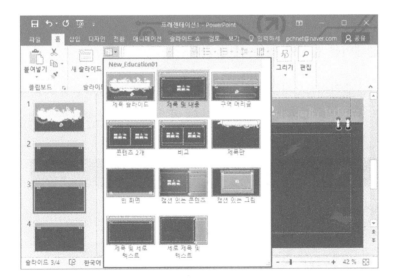

④ 리본메뉴의 [보기]-[마스터 보기] 그룹에서 [슬라이드 마스터]를 선택한다. 그러면 아래 화면과 같이 슬라이드 마스터와 하위 레이아웃 슬라이드 모두에 "어린이 테마"가 적용된 것을 확인할 수 있다. 그러므로 슬라이드에 테마를 적용하는 것은 슬라이드 마스터에 각 종 서식을 적용하는 것과 동일하다.

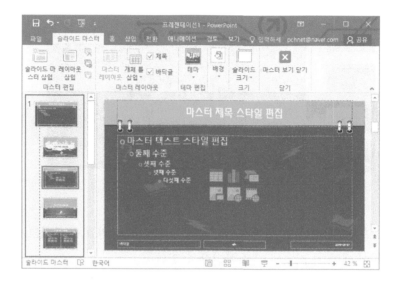

(2) 다른 프레젠테이션 문서에 있는 테마 가져와 사용하기

① 아래와 같이 빈 슬라이드 3개를 만들고, 리본메뉴에서 [디자인]-[테마] 그룹에서 [자세히] 를 클릭한다. 그러면 테마 선택창이 나타나며 여기에서 "테마 찾아보기"를 선택한다.

② 이어서 나타난 "테마 또는 테마 문서 선택" 팝업창에서 테마가 적용된 파워포인트 파일
(pptx 파일)을 선택하고 "적용"을 클릭한다.

③ 그러면 아래와 같이 선택된 문서에 적용되어 있던 테마가 작성중인 슬라이드에 적용된다.

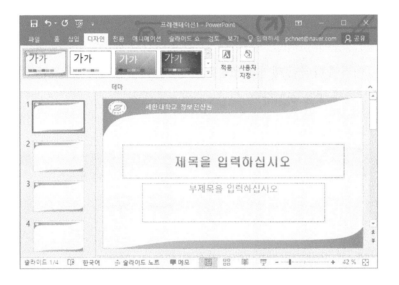

(3) 테마 색 변경하기

① [디자인]-[테마]에서 "주요 이벤트" 테마를 선택한다.

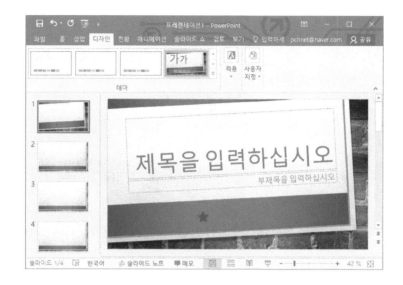

② [디자인]-[적용] 그룹에서 [색]을 선택한다. 그리고 나타난 색조합창에서 "따뜻한 파란색"
을 선택한다. 여기에 나타난 테마색 조합은 특정 주제에 어울리는 색 조합을 전문가들이
미리 만들어 등록해 놓은 것이다.

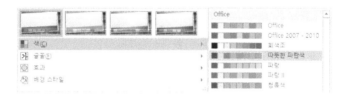

③ "따뜻한 파란색" 색 조합으로 테마 색이 변경된다.

(4) 테마의 글자 폰트 변경하기

① "주요 이벤트" 테마가 적용된 문서를 열고, 리본메뉴의 [디자인]-[적용] 그룹에서 [글꼴]을 선택한다. 그리고 나타난 선택창에서 "궁서"를 선택한다.

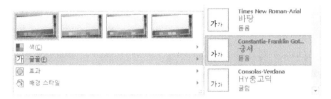

② 기존의 "맑은 고딕"으로 되어 있던 제목부분이 "궁서"로 변경되었다.

(5) 테마에 적용된 효과 변경하기

테마에 기본적으로 적용된 효과를 변경하는 방법을 살펴본다.

① "주요 이벤트" 테마가 적용된 슬라이드에 "모서리가 둥근 직사각형"을 만든다. 그리고 그리기 도구의 [서식]-[도형 스타일]에서 "강한 효과-청록, 강조5"을 선택하여 사각형에 효과를 적용한다.

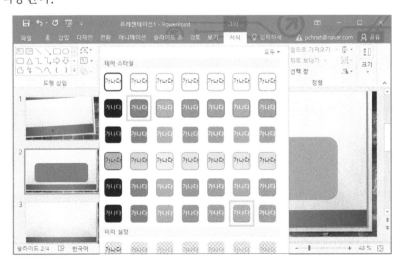

② 리본메뉴의 [디자인]-[적용] 그룹에서 [효과]를 선택한다. 그리고 나타난 선택창에서 "리블렛"을 선택한다.

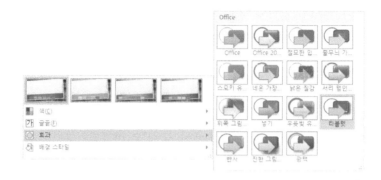

③ 슬라이드에 적용된 테마와 지정된 효과에 따라 [서식]-[도형 스타일]의 갤러리 창도 변화되어 나타난다.

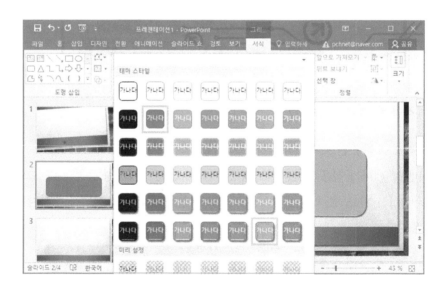

(6) 테마 및 서식 파일 저장하기

① [디자인]-[테마] 그룹의 [자세히]를 클릭한 다음 [현재 테마 저장]을 선택한다.

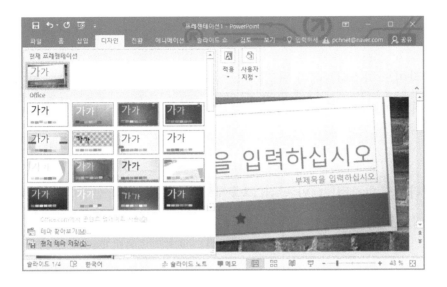

② [현재 테마 저장] 대화상자의 [파일 이름]에 "테마연습"을 입력하고 [저장]을 클릭한다.
③ [디자인]-[테마] 그룹의 [자세히]를 클릭하면 [사용자 지정]에 "테마연습"이라는 새로운 테마를 확인할 수 있다.

연습문제

1   [슬라이드 마스터]-[테마 편집] 그룹에서 [테마]-[연꽃 당초 무늬]를 선택한다. 선택된 마스터를 편집(색, 글꼴, 효과)하여 새로운 마스터를 만들어라.

2   [슬라이드 마스터]-[테마 편집] 그룹에서 [테마]-[풍요]를 선택한다. 선택된 마스터의 배경 이미지와 도형을 편집하여 새로운 마스터를 만들어라.

3   자신이 사용할 마스터를 새로 작성하고 방학 중 학습계획서를 작성하라.

슬라이드 쇼

하이퍼링크 기능을 이용하면 인터넷 상의 문서뿐 만 아니라 슬라이드 간의 이동, 프로그램 실행 등을 수행할 수 있다.

하이퍼링크 지정하기

(1) 하이퍼링크 지정

① 슬라이드를 준비하고 워드아트를 이용하여 아래와 같이 검색 사이트를 입력한다. 단, 각
   각의 사이트는 서로 다른 개체로 입력한다([삽입]-[WordArt]).

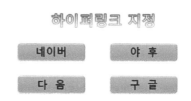

② 네이버 개체를 선택한 후 [삽입]-[링크] 그룹의 [하이퍼링크]를 클릭하거나 마우스 오른쪽
   버튼을 클릭하고 [하이퍼 링크(H)]를 선택한다.

③ [하이퍼링크 삽입] 창이 나오면 [주소]에 "http://www.naver.com"을 입력한다.

④ 다른 개체에 대해서도 같은 방식으로 하이퍼링크를 연결한 후 슬라이드 쇼를 실행하여
   하이퍼링크가 되는지 확인한다.

(2) 하이퍼링크 실행 설정

① 슬라이드에 있는 개체 선택 후 [삽입]-[링크] 그룹에서 [실행]을 클릭한다.

② [실행 설정] 대화상자에서 실행 설정을 지정한다.

③ 개체 실행방법을 [마우스를 클릭할 때] 또는 [마우스를 (개체) 위에 올려놓을 때]를 선택하여 지정할 수 있다.

④ [하이퍼링크] 옵션은 현재의 파워포인트 문서내의 슬라이드간의 이동을 설정한다.

⑤ [프로그램 실행] 옵션은 해당 개체를 클릭하면 컴퓨터 내의 특정 프로그램이 실행되도록 설정한다.

(3) 하이퍼링크로 슬라이드 간 이동

① 슬라이드 내의 특정 개체를 선택하면 미리 지정된 슬라이드로 이동하거나 이동 후 되돌아오는 슬라이드를 만들 수 있다.

② 먼저 다음과 같이 슬라이드를 준비한다. Microsoft Backstage 단추 [파일]-[새로 만들기]-[예제 서식 파일]에서 "파워포인트 2010 개요"를 클릭한다. 총 21장의 슬라이드로 구성된 파일이다.

③ 목차는 슬라이드 2쪽에 있다. 2쪽에서 목차는 하나의 개체이므로 이들을 따로 따로 복사하여 아래와 같이 3개의 개체로 만든다.

④ "프레젠테이션 작성"그래픽 개체를 선택 한 후 [삽입]-[링크] 그룹에서 [실행]을 클릭한다.

⑤ [마우스를 클릭할 때]탭에서 "하이퍼링크"를 체크하고 ▾을 열어 "슬라이드…"를 선택한다.

⑥ 슬라이드 하이퍼링크 창이 열리면 "4.나만의 프레젠테이션 제작"을 선택하고 [확인]을 누른다. 이렇게 하면 2쪽의 개체와 4쪽이 연결된다.

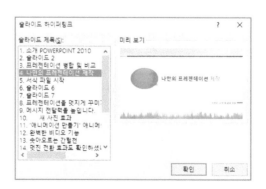

⑦ 같은 방법으로 "프레젠테이션에 유용한 기능 추가"그래픽 개체를 8번 슬라이드(8. 프레젠테이션 멋지게 꾸미기)와 연결한다.

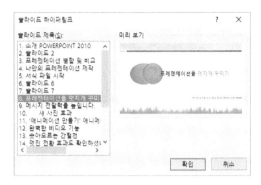

⑧ 같은 방법으로 "프레젠테이션 전달"그래픽 개체를 15번 슬라이드(15. 프레젠테이션 전달)와 연결한다.

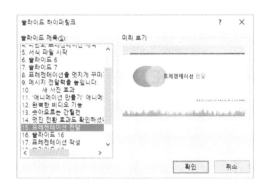

(4) 목차와 이동하는 하이퍼링크를 작성

① 슬라이드 3쪽 하단에 그림과 같이 실행단추를 삽입한다. [삽입]-[도형] 그룹에서 [실행 단추: ◁]를 선택하여 삽입한다. 실행 설정창이 나오면 하이퍼링크에 "첫째 슬라이드"가 입력된 것을 확인하고 [확인]을 클릭한다.

② 같은 방식으로 슬라이드 3쪽 하단에 실행단추를 삽입한다. [삽입]-[도형] 그룹에서 [실행 단추: ◁]를 선택하여 삽입한다. 실행 설정창이 나오면 하이퍼링크에 "이전 슬라이드"가 입력된 것을 확인하고 [확인]을 클릭한다.

③ 위와 같은 방식으로 슬라이드 3쪽 하단에 실행단추를 삽입한다. [삽입]-[도형] 그룹에서 [실행단추: ⊙]를 선택하여 삽입한다. 실행 설정창이 나오면 "하이퍼링크"를 체크하고 "슬라이드..."를 선택 한 후 2번째 슬라이드를 선택한다. [확인]을 클릭한다.

④ 같은 방식으로 슬라이드 3쪽 하단에 실행단추를 삽입한다. [삽입]-[도형] 그룹에서 [실행 단추: ▷]를 선택하여 삽입한다. 실행 설정창이 나오면 하이퍼링크에 "다음 슬라이드"가 입력된 것을 확인하고 [확인]을 클릭한다.

⑤ 같은 방식으로 슬라이드 3쪽 하단에 실행단추를 삽입한다. [삽입]-[도형] 그룹에서 [실행 단추: ▷]를 선택하여 삽입한다. 실행 설정창이 나오면 하이퍼링크에 "마지막 슬라이드"가 입력된 것을 확인하고 [확인]을 클릭한다.

⑥ 이제 5개의 실행 단추를 한꺼번에 복사하며 슬라이드 3부터 슬라이드 20까지 우측 하단에 붙여 넣는다. 이렇게 함으로써 모든 슬라이드에서 다른 슬라이드로 직접 이동할 수 있다.

⑦ 슬라이드 쇼를 실행시키고 2번 슬라이드에서 메뉴를 선택하면(커서가 손 모양으로 바뀌는지 확인) 해당 슬라이드로 이동하는 것을 확인하라. 또한 임의의 슬라이드에서 실행 단추를 누르면 슬라이드가 이동하는 것을 확인하라.

(5) 책갈피를 이용하여 다른 문서로 이동하기

① 먼저 2개의 파워포인트 파일을 준비한다. 하나는 위에서 만든 파일을 그대로 사용하되 컴퓨터의 특정 폴더에 저장해 놓는다(바탕화면에 저장해 놓고 파일명을 "파워포인트 2010 개요.pptx"로 저장한다).

② 아래와 같은 슬라이드를 작성한다.

③ "파워포인트 개요: 목차"개체를 클릭하면 해당 파일의 목차 슬라이드로 이동하도록 해보자. 먼저 이 개체를 선택한 후 [삽입]-[링크] 그룹에서 [하이퍼링크] 명령 단추를 클릭한다.

④ 하이퍼링크 대화상자가 열리면 "연결대상"은 [기존파일/웹 페이지]-[현재 폴더]에서 "파워포인트 2010 개요.pptx"를 찾아 선택하고 [책갈피]를 클릭한다.

⑤ 대상 문서의 특정한 위치를 지정하기 위해 [책갈피]를 선택한다. 대상 문서(파워포인트 2010 개요.pptx)의 위치를 선택하는 창이 나타나면 해당 슬라이드(여기에서는 2번째 슬라이드)를 선택하고 [확인]을 누른다.

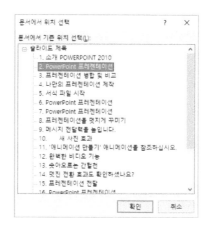

⑥ [하이퍼링크 삽입] 대화상자에서 주소가 바뀐 것을 확인하고 [확인]을 클릭한다.

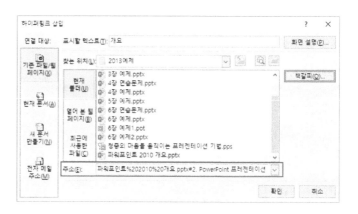

⑦ 슬라이드 쇼를 진행한다. "파워포인트 개요" 개체를 클릭하여 대상 문서(파워포인트 2010 개요.pptx)의 해당 슬라이드(2. PowerPint 프레젠이션)로 이동하는 것을 확인한다.

(6) 슬라이드 쇼에서 다른 프로그램 실행하기

① 슬라이드 쇼를 진행하는 도중에 다른 프로그램을 실행하면서 프레젠테이션을 해야 할 경우가 있다. 이 때 슬라이드 쇼를 멈추지 않고도 다른 프로그램을 링크시켜 실행할 수 있다.
② 다음과 같은 슬라이드를 작성한다.

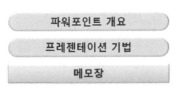

다른 프로그램 시행

파워포인트 개요

프레젠테이션 기법

메모장

③ 메모장 개체를 선택하고 [삽입]-[링크] 그룹에서 [실행] 명령단추를 클릭한다.

④ "실행 설정" 대화상자에서 [마우스를 클릭할 때 실행]-[프로그램 실행]-[찾아보기]를 클릭한다.

⑤ 대화상자가 열리면 C 드라이브의 Windows 폴더에서 "notepad.exe"파일을 선택한 후 [확인]을 클릭한다.

⑥ "실행 설정" 대화상자에서 [확인]을 클릭한다.

⑦ 슬라이드 쇼를 실행하고 "메모장" 개체를 클릭하면 메모장이 실행되는 것을 확인한다.

2 화면전환 효과

화면전환 효과는 슬라이드 쇼를 진행할 때 특정 슬라이드에서 다른 슬라이드로 전환할 경우에 화면 전체에 대해 적용되는 애니메이션 효과이다.

(1) 화면 전환 효과 지정

① 특정 슬라이드를 선택한 후, 리본메뉴에서 [전환]-[슬라이드 화면 전환] 그룹에서 우측 하단의 "자세히" 화살표시를 선택한다. 그리고 나타난 선택 창에서 "시계"를 선택한다.

② 적용된 "시계" 화면전환 효과의 방향을 조정하기 위하여 리본메뉴에서 [전환]-[슬라이드 화면전환] 그룹에서 "효과옵션"을 선택하고 나타난 선택창에서 "V자형"을 선택한다.

③ 슬라이드 전환시간 간격을 조절하기 위해 [전환]-[타이밍] 그룹에서 "소리"를 "클릭"으로 하고, "기간"을 "4초"로 지정한다.

④ 슬라이드 쇼를 진행하면 마우스를 클릭하여 한 슬라이드에서 다른 슬라이드로 전환될 때 앞에서 선택한 "V자형" 시계전환 효과가 4초 동안 클릭소리와 함께 나타난다.
⑤ 슬라이드 자동 전환을 위해서는 [전환]-[타이밍] 그룹의 [화면 전환]을 "다음 시간 후"로 지정하고 현재 슬라이드가 보여질 시간을 설정하면 된다.

⑥ 상태 표시줄에 있는 [여러 슬라이드(田)]를 클릭하면 전환효과가 지정된 슬라이드 아래에 전환 아이콘과 진행 시간이 표시된다.

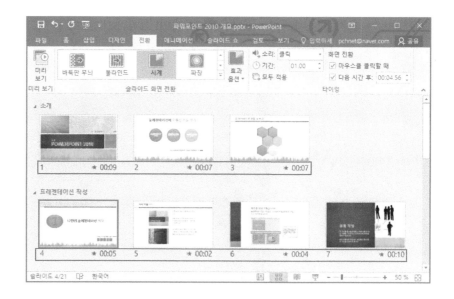

⑦ 하나의 화면전환 효과를 모든 슬라이드에 적용하기 위해서는 [전환]-[타이밍] 그룹의 [모두 적용]을 클릭하면 된다. 이때 각 슬라이드에 지정된 진행 시간은 모두 같은 시간으로 설정된다.

3 애니메이션 효과

프레젠테이션 문서에 애니메이션 효과를 적용하여 슬라이드 쇼를 더욱 생동감 있게 만들 수 있다. 파워포인트는 프레젠테이션에 있는 개체(슬라이드 자체, 텍스트, 그림, 도형, 사운드 등)에 애니메이션 효과를 직접 지정할 수 있다.

파워포인트 2016의 애니메이션 기능은 크게 나타내기, 강조, 끝내기 이동경로 등으로 나누어지며, 각 기능에는 다양하게 구분된 세부 애니메이션 효과들이 있다.

프레젠테이션에 애니메이션 효과를 부여하는 이유는 청중의 시각적 관심을 유도하여 프레젠테이션의 자료를 청중에게 더 효과적으로 전달하기 위해서 이다. 그러나 지나친 애니메이션 효과의 사용은 청중이 내용을 이해하기 어렵게 하고, 오히려 동적인 화면효과만이 눈에 들어오는 부작용을 초래하기도 한다. 그러므로 애니메이션 효과의 사용은 정적인 가운데 반드시 필요한 부분에만 제한적으로 사용하는 것이 더욱 효과적이라 할 수 있다.

(1) 애니메이션 효과 적용

① 나타나기 효과는 화면이 비어있는 상태에서 개체가 나타나는 것을 말한다.
② 슬라이드에서 애니메이션을 적용할 개체를 선택한다.
③ [애니메이션]-[애니메이션] 그룹에서 [애니메이션 스타일]을 선택한다.
④ 나타내기, 강조, 끝내기, 이동 경로 중의 하나의 그룹에서 원하는 애니메이션 효과를 선택한다.

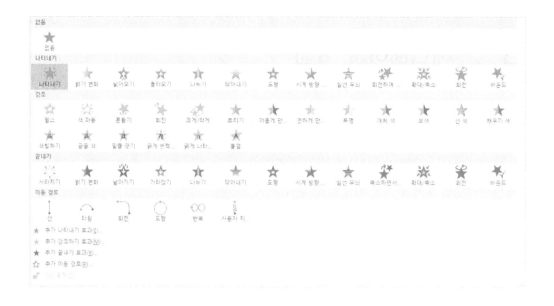

⑤ 더 많은 효과를 선택하기 위해서는 각각에 대한 "추가 효과"를 선택한다.

★ 추가 나타내기 효과(E)...
★ 추가 강조하기 효과(M)...
★ 추가 끝내기 효과(X)...
☆ 추가 이동 경로(P)...

⑥ 면 각각에 대한 추가효과를 선택할 수 있는 대화상자가 나타난다. 여기에서 원하는 효과를 선택한다.

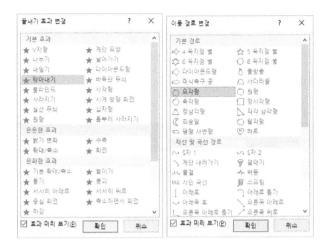

⑦ 애니메이션이 나타나는 방향을 설정하기 위해서는 [애니메이션]-[애니메이션] 그룹에서
[애니메이션 스타일]에 "이동경로-반복"을 선택하고 [효과 옵션]을 클릭하면 세부적인 효
과를 조정한다.

⑧ [애니메이션]-[타이밍] 그룹에서 [시작], [재생시간], [지연]을 설정한다.

(2) 애니메이션 창

① [애니메이션]-[고급 애니메이션] 그룹에서 [애니메이션 창]을 선택한다.
② 화면의 우측에 "애니메이션 창"이 나타난다.

(3) 애니메이션 창의 세부메뉴

① 애니메이션 창에는 슬라이드에 적용된 모든 애니메이션이 나타난다. 각각의 애니메이션
우측의 목록 단추(▾)를 클릭하면 세부메뉴가 나타난다.

② 시작 옵션
- 클릭할 때 시작(C) : 마우스를 클릭해야 해당 개체에 적용된 애니메이션 효과가 실행
된다.

- 이전 효과와 함께 시작(W) : 이전 효과가 실행됨과 동시에 애니메이션 효과가 실행된다.
- 이전 효과 다음에(A) : 이전효과가 실행되고 난 후에 순차적으로 애니메이션 효과가 실행된다.

③ 효과 옵션(E)
- 선택된 애니메이션에 대한 방향, 시작 및 종료 방법, 소리 등의 사항을 조정하는 기능으로 애니메이션의 종류에 따라 다르게 나타난다.

- 아래와 같이 프레젠테이션의 마지막 슬라이드를 작성한다. 클립아트는 클립아트 검색창에서 찾아 삽입한다.

④ 타이밍(T)
- 선택된 애니메이션에 대한 시작방법, 지연, 재생시간, 반복 등의 사항을 조정하는 기능이다.

⑤ 진행시간 표시막대 숨기기(H)

■ 애니메이션 창에 애니메이션 진행시간 막대를 표시할 것인지, 숨길 것인지의 여부를 선택하는 기능이다.

⑥ 제거(R)

■ 해당 애니메이션을 삭제하는 기능이다.

(4) 애니메이션 복사

① 슬라이드에서 복사할 개체를 선택한 다음 [애니메이션]-[고급 애니메이션] 그룹의 [애니메이션 복사]를 한번 클릭한다.

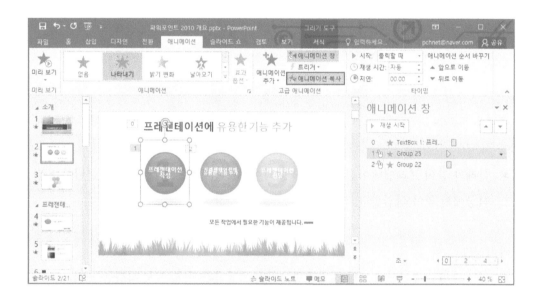

② 마우스 포인터 모양이 변경되면 복사한 애니메이션능 적용할 개체를 클릭한다.

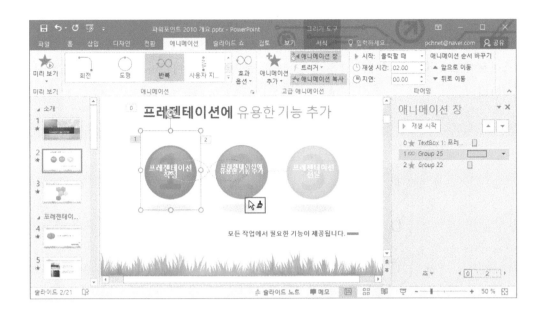

③ 2번 번호가 지정되며 애니메이션이 복사된다.

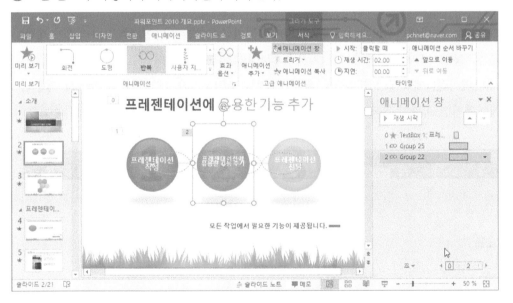

④ 슬라이드에서 복사할 개체를 선택한 다음 [애니메이션]-[고급 애니메이션] 그룹의 [애니
메이션 복사]를 두번 클릭하면 여러 개의 개체에 애니메이션을 연속으로 복사할 수 있다.

⑤ 애니메이션 복사를 중단하려면 [애니메이션 복사]를 다시 한번 클릭한다.

(5) 스마트아트 그래픽에 애니메이션 지정

파워포인트 2016은 스마트아트 그래픽 개체의 전체뿐만 아니라 그래픽 개체 항목 하나하나에 애니메이션을 적용할 수 있다.

① 스마트아트로 작성한 아래와 같은 슬라이드를 불러온 후 스마트아트 그래픽 개체를 선택한다.

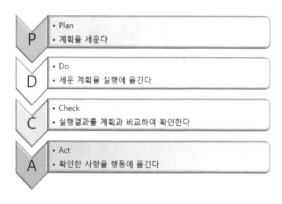

② 리본메뉴 [애니메이션]-[애니메이션] 그룹에서 [애니메이션 스타일]-[추가 나타내기 효과]를 선택하고 나타난 팝업창에서 [기본효과]-[내밀기]를 선택한다.

③ [애니메이션]-[애니메이션]그룹의 [효과 옵션]을 클릭하거나, 애니메이션 창에서 적용된 애니메이션 효과의 목록 단추(▾)를 클릭한 후 "효과 옵션(E)"을 선택한다.

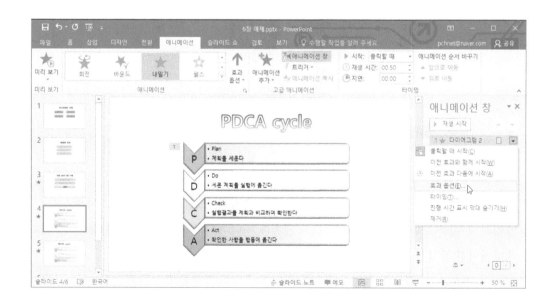

④ 리본메뉴의 [효과 옵션]을 선택한 경우 "시퀀스-개별적으로"를 선택하고, "애니메이션 창"의 [효과 옵션]에서는 내밀기 대화상자가 열리면 [SmartArt 애니메이션] 탭에서 "그래픽 묶는 단위(G)"를 "개별적으로"로 선택하고 [확인]을 클릭한다.

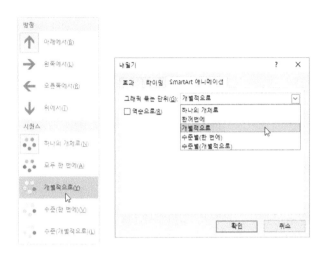

⑤ 스마트아트를 구성하는 각각의 개체에 개별적으로 애니메이션이 지정되어 있는 것을 확인한다.

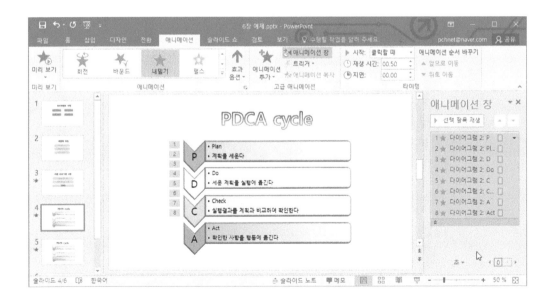

⑥ 슬라이드를 실행하여 효과를 확인한다.

(6) 차트에 애니메이션 지정

파워포인트 2016은 차트에 있는 개별 항목에도 애니메이션 효과를 적용할 수 있다.

① 아래와 같은 슬라이드를 작성한 후 차트를 선택한다.

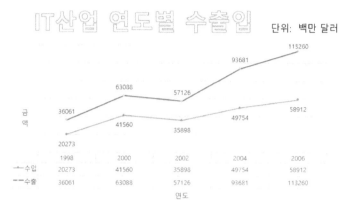

② 리본메뉴 [애니메이션]-[애니메이션] 그룹에서 [애니메이션 스타일]-[나타내기]-[닦아내기]를 선택한다.

③ [애니메이션]-[애니메이션]그룹의 [효과 옵션]을 클릭하거나, 애니메이션 창에서 적용된 애니메이션 효과의 목록 단추(▼)를 클릭한 후 "효과 옵션(E)"을 선택한다.

④ 리본메뉴의 [효과 옵션]을 선택한 경우 "시퀀스-개열별로"를 선택하고, 애니메이션 창에서는 닦아내기"대화상자가 열리면 [차트 애니메이션] 탭에서 "차트 묶는 단위(G)"를 "개열별로"를 선택하고 [확인]을 클릭한다.

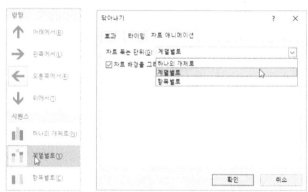

⑤ 차트의 배경과 각각의 계열에 개별적으로 애니메이션이 지정되어 있는 것을 확인한다.

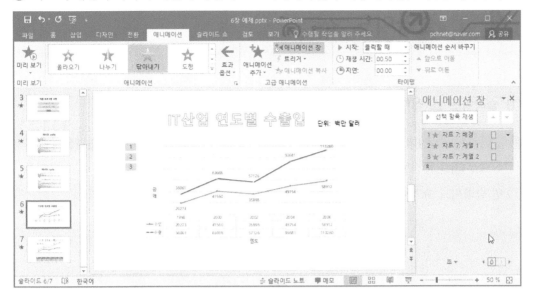

⑥ 슬라이드를 실행하여 효과를 확인한다.

슬라이드 쇼

(1) 슬라이드 쇼 실행

① 슬라이드를 준비하고 [슬라이드 쇼]-[슬라이드 시작] 그룹에서 [처음부터] 또는 [현재 슬라이드부터]를 클릭한다. 또는 화면의 하단, 오른쪽에 있는 "슬라이드 쇼 단추 ☞"를 클릭하면 슬라이드 쇼가 시작된다.

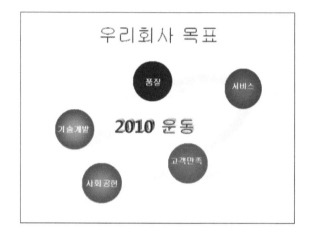

② 키보드 화살표를 누르거나 마우스 왼쪽 버튼을 클릭하면 1장씩 진행된다.
③ 슬라이드를 종료하려면 키보드에서 [Esc] 키를 누르거나, 마지막 슬라이드까지 쇼를 진행하여 검은색 화면이 나타나면 [Enter] 키 또는 마우스를 클릭하면 된다.

(2) 슬라이드 숨기기

슬라이드는 발표 예정시간보다 조금 길게 준비하는 것이 일반적이다. 준비된 슬라이드는 내용의 중요도에 따라 등급을 부여하고, 발표 시간이 변경되면 중요도에 따라 슬라이드를 가감하여 발표한다. 이때 준비된 슬라이드를 발표에서 제외시키기 위해 "슬라이드 숨기기"를 한다. 숨겨진 슬라이드는 파일에는 그대로 존재하지만 발표화면에는 나타나지 않게 된다.

① 슬라이드 창에서 숨기고자 하는 슬라이드를 선택한다.

② [슬라이드 쇼]-[설정] 그룹에서 [슬라이드 숨기기]를 선택한다.

③ 선택된 슬라이드가 뿌옇게 변하고 슬라이드 번호에 사선이 그어져 숨김표시가 나타난다.

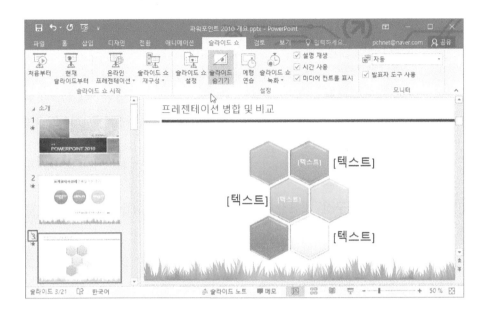

(3) 슬라이드 쇼 재구성

슬라이드 쇼는 반드시 문서 전체를 대상으로 하지 않아도 된다. 슬라이드의 발표 순서를 조절하거나 특정 슬라이드만 추출한 후에 슬라이드 쇼를 진행할 수 있다.

① 슬라이드를 선별적으로 선택하거나 순서를 재구성하여 새로운 슬라이드 쇼를 구성할 수 있다.

② 1번 슬라이드에서 [슬라이드 쇼]-[슬라이드 쇼 시작] 그룹에서 [슬라이드 쇼 재구성]을 클릭한 후 "쇼 재구성(W)"을 선택하고 대화상자가 열리면 "새로 만들기"를 선택한다.

③ "쇼 재구성하기" 대화상자가 열리면 "슬라이드 쇼 이름"에 "파워포인트 소개"를 입력 한 후 필요한 슬라이드를 선택하여 차례대로 [추가]를 클릭한다. 예를 들면 슬라이드 1, 4, 5, 6, 3, 1을 차례로 추가 한다. 이미 추가한 슬라이드 1도 필요에 따라 다시 추가 할 수 있다.

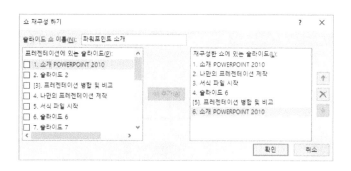

④ [확인]을 클릭한 후 "쇼 재구성" 대화상자가 나타나면 [쇼보기(S)]를 클릭한다.

⑤ 재구성한 대로 슬라이드 쇼가 진행되는지를 확인한다.

(4) 레이저 포인터 / 펜 / 형광펜 기능

프레젠테이션을 수행할 때 자세한 설명을 위한 방법으로는 첫째, 설명하는 부분에 레이저 포인트를 비추는 방법, 둘째, 중요한 곳에 형광펜으로 밑줄을 긋는 방법, 셋째, 내용을 펜으로 쓰는 방법 등이 있다.

① 슬라이드 쇼를 실행한 다음, 좌측하단에 있는 버튼 중에서 "펜 모양 버튼"을 선택하거나 마우스 오른쪽 메뉴에서 [포인터 옵션]-[레이저 포인터], [펜], [형광펜]을 선택한다.

② 일시적인 레이저 포인터 사용에는 키보드의 Ctrl 키를 누른 상태에서 마우스로 클릭하고 드래그 하는 방법을 사용해도 좋다.

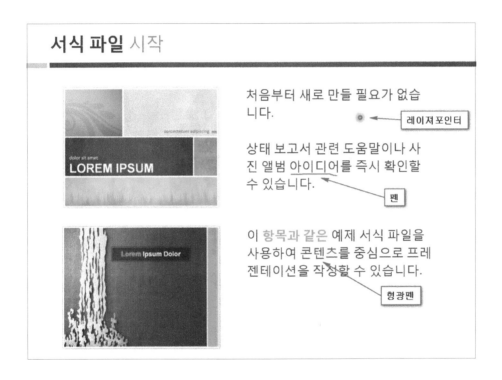

(5) 특정 영역 확대하기

① 왼쪽 하단의 아이콘 중 돋보기 모양의 다섯 번째 아이콘을 클릭한다.

② 직사각형 영역의 영역이 표시된다. 확대를 원하는 영역을 마우스로 클릭한다.

③ 영역이 확대되어 나타난다.

④ Esc 키를 눌러 확대를 해제한다.

(6) 예행연습

일반적으로 프레젠테이션은 정해진 시간에 완료해야 한다. 따라서 발표자는 실제 프레젠테이션을 수행하기 전에 미리 연습을 해서 프레젠테이션 시간을 맞추어 본다. 파워포인트는 예행연습을 하면서 각 슬라이드를 설명하는데 소요되는 시간을 기록함으로써 전체 프레젠테이션에 소요되는 시간을 정확히 계산할 수 있는 "예행연습" 기능을 제공한다.

① 리본메뉴에서 [슬라이드 쇼]-[설정] 그룹에서 [예행연습]을 클릭한다.

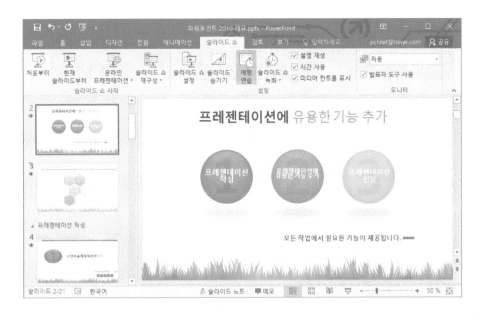

② 슬라이드 쇼 화면의 좌측 상단에 예행연습 상태를 나타내는 "녹화 창"이 나타나고, 여기에는 각 슬라이드 설명에 소요되는 시간과 전체 프레젠테이션 설명에 소요되는 시간이 표시된다.

③ 다시 진행하고 싶다면 [되돌리기] 단추를 클릭한다. 그러면 경고창이 뜨고 [녹화 다시 시작]을 클릭한다.

④ 슬라이드 예행연습이 끝나면 슬라이드 쇼에 걸린 시간을 보여주고 "슬라이드 쇼"를 볼 때 새 슬라이드 시간을 사용할 것인지를 묻는다.

⑤ 각 슬라이드 마다 소요된 시간이 나타난다. 그리고 슬라이드 쇼를 실행해 보면 강제로 슬라이드를 이동시키지 않아도 적용된 각각의 시간만큼 슬라이드 쇼가 자동 수행된다.

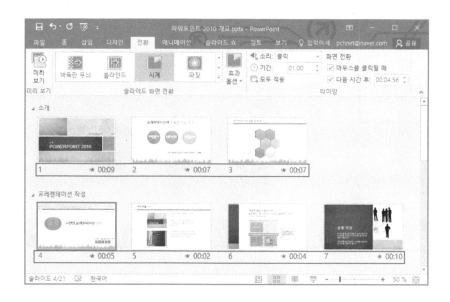

(7) 슬라이드 녹화하기

① [슬라이드 쇼]-[설정] 그룹에서 [슬라이드 쇼 녹화] 아랫부분을 클릭한 후 [처음부터 녹음]을 선택한다.

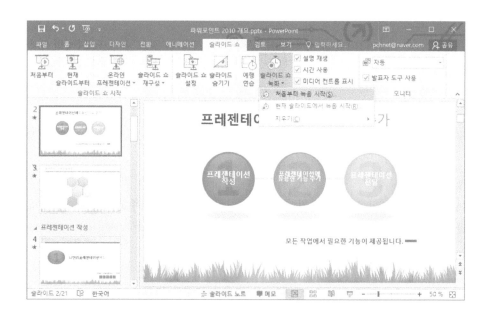

② [슬라이드 쇼 녹화] 대화상자가 나타나면 [녹화시작]을 클릭한다.

③ 슬라이드 쇼가 끝나면 첫 번째 슬라이드에 오디오 아이콘이 만들어진다. 이를 클릭해 녹
음된 내용을 확인할 수 있다.

(8) 온라인 프레젠테이션 진행하기

① [슬라이드 쇼]-[슬라이드 쇼 시작] 그룹에서 [온라인 프레젠테이션] 하단을 클릭한 후
   [Office Presentation Service]을 클릭한다.

② [온라인 프레젠테이션] 창이 나타나면 [연결]을 클릭한다.

③ [온라인 프레젠테이션] 창에 나타나는 링크를 복사하여 원격지에 있는 프레젠테이션 대
상자에게 전자메일로 보낸다.

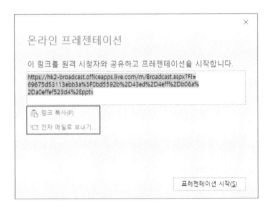

④ 원격지에 있는 프레젠테이션 대상자는 웹브라우저의 주소란에 전자메일로 받은 링크정
보를 입력하여 프레젠테이션을 청취한다.

1 다음과 같은 슬라이드를 작성하여라. 개체를 클릭하면 해당 웹 사이트로 이동하도록 구성한다. 윈저성은 영국왕실 홈페이지, PGA는 Professional Golfers" Association, NFL은 National Football League, NBA는 National Basketball Association이다.

2 　다음과 같은 슬라이드를 작성하되 목차에서 그림 개체를 클릭하면 해당 슬라이드로 이동하고, 다시 해당슬라이드에서 목차로 되돌아 올 수 있도록 구성하라. 사진은 알맞은 것을 웹에서 검색하여 삽입한다.

제품설명

팜탑　스마트폰　e북

팜 탑

- 손바닥에 올려놓고 사용할 수 있는 컴퓨터
- 수첩 정도의 크기
- hand held computer 또는 PDA

스마트 폰

- 인터넷 정보검색, 그림 정보 송·수신 등의 기능을 갖춘 차세대 휴대전화
- 휴대용 컴퓨터의 개념
- 이동 중 인터넷 통신, 팩스 전송 등이 가능

e 북

- 종이 대신 디지털 파일로 글을 읽는 차세대 서적
- HTML과 XML을 응용해 만든 디지털화된 책
- 전자 책
- 출판사
  - 제작비와 유통비 절약
  - 재고 부담 없음
  - 언제든지 구매 가능
  - update 용이

3   아래와 같은 슬라이드에 다음과 같은 효과를 적용한다.

① 은 클릭하면 나타나도록 한다.

② 는 클릭하면 왼쪽에서 나타나도록 한다.

③ 은 클릭하면 블라인드처럼 나타나도록 한다.

④ 는 클릭하면 한번 깜박이도록 한다.

⑤ 는 클릭하면 바운드 효과가 나타나도록 한다.

4   위 슬라이드의 왼쪽에 있는 큰 원에 확대 효과를 적용한다. 그런 다음 이어서 "프레젠테이션"이 한 글자씩 1초 간격으로 자동으로 나타나도록 한다. 글자가 나타날 때마다 타자기 소리가 나도록 설정한다.

07

설득력있는
프레젠테이션

잘 구성되고 시연된 한 편의 프레젠테이션은 중요한 의사결정을 하는데 결정적인 역할을 할 뿐만 아니라 발표자의 영향력을 높이기도 한다. 예를 들면 스티브 잡스의 프레젠테이션은 정보 전달은 물론 청중을 감동의 도가니로 몰아넣어 애플 제품을 구매하는데 결정적인 역할을 해 온 것으로 알려져 있다. 이 장에서는 프레젠테이션을 기획하고 발표용 슬라이드를 작성하고 이를 실제로 시연하는데 꼭 알아야 할 개념과 방법을 제시한다.

인간은 요점만을 수용한다

프레젠테이션은 그 목적이나 청중의 관심도, 발표자의 취향에 따라 다양한 기획안이 가능하지만, 성공적인 프레젠테이션을 위해서는 인간의 정보수용체계를 먼저 이해하여야 한다.

인간은 감각기관을 통하여 외부 정보를 수용하는데 그 양이 초당 1억 bits에 달한다. 그러나 인간의 신경계는 이 많은 정보를 그대로 수용하지 못하고 초당 약 3백만 bits만 수용한다. 이렇게 신경계에서 전달한 3백만 bits를 인간의 뇌는 응축하고 또 응축하여 초당 16 bits 정도만을 의식하며, 이 가운데 기억하는 것은 초당 0.7 bits에 불과하다. 즉, 인간의 오감을 통해 들어오는 수많은 정보 중에 뇌가 기억하는 것은 초당 1 bit도 안된다. 따라서, 효과적인 프레젠테이션을 하려면 인간의 이런 정보전달 메카니즘을 잘 활용하여야 한다.

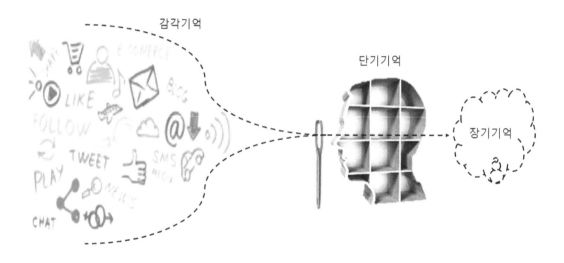

인간의 기억체계는 감각기억, 단기기억, 장기기억의 3단계로 구분된다. 감각기억(sensory memory)은 외부로 부터의 자극을 망막에서의 잔상처럼 감각기관이 기억하는 것으로 기억용량은 거의 무한하나 자극이 차단되면 0.1~0.2초 이내에 사라진다.

단기기억(short-term-memory)이란 작업기억(working memory)라고도 하며 일시적으로 정보를 통합, 처리, 삭제 및 재생하는 역할을 한다. 단기 기억은 오늘 아침 식사 메뉴나 친구가 방금 불러준 전화번호처럼 비교적 짧은 기간동안만 기억 속에 남아 있다가 사라져 버리는 기억 메카니즘이다. 단기 기억은 능동적인 정보처리나 행동의 조작을 수행하지만 반복학습이나 강한 자극이 아니라면 장기 기억으로 전환되지 못하고 사라져 버린다. 예를 들면 10분 전에 친구가 불러 준 전화번호를 준 전화번호를 기억하지 못하는 것과 같다.

장기기억이란 자기가 사는 집 주소나 이차방정식 근의 공식처럼 오랜 기간의 학습에 의해서 기억하고 있는 것을 말한다. 장기기억은 잘 활용하면 무제한의 정보를 저장할 수 있다. 그런데 우리 인간이 일상생활을 할 때에는 대부분 작업기억, 즉, 단기 기억을 활용하게 되는데, 아쉽게도 단기 기억의 용량은 극히 제한적이어서 성인의 경우 약 7±2 단위이다. 다시 말하면, 인간이 정보처리를 하는데 있어서 뇌 안에 동시에 단위 기억을 저장할 수 있는 방이 5~9개 정도 밖에 없다. 그러므로 비록 감각기관을 통해 수많은 외부 자극이 들어오더라도 단기기억이 수용하지 못하여 의미없이 사라지고 겨우 몇 개의 정보만이 단기기억으로 들어오며, 이는 낙타가 마치 바늘귀를 통과하는 것과 같다. 이렇게 단기기억용량에 한계가 있으므로 우리 뇌는 새로운 정보가 계속 들어오면 가장 최근의 7개의 정보만을 기억하고 이전 것은 지워버린다. 따라서, 프레젠테이션에서 슬라이드 내용은 인간의 단기기억용량 내에서 이루어져야 관객이 쉽게 이해할 수 있다.

> 인간의 단기 기억용량은 7±2 단위 이다. 그러므로, 프레젠테이션에서 한 장의 슬라이드 안에 있는 정보량이 인간의 단기기억용량 내에 있어야 관객이 쉽게 이해할 수 있다.

기억용량을 늘이기 위한 효과적인 방법 중에 스토리텔링이 있다. 스토리텔링은 발표 내용을 하나의 이야기 형식으로 전개해 나가는 방법이다. 즉, 단어나 이미지, 소리 등을 통하여 이야기를 만들어 전달하는 방식이다. 스토리텔링에서는 내용을 인상깊은 장면이나 이야기로 바꾸어 전달하므로 프레젠테이션의 흐름을 기억하는데 효과적이며 또한 재미가 있어서 기억에 오래 남는다. 이런 장점 때문에 프레젠테이션에서 스토리텔링 기법이 활발히 사용되고 있다.

스토리 텔링 : 단어, 이미지, 소리 등을 통하여 이야기를 만들어 전하는 것으로 흥미와 정보전달을 동시에 추구하는 효과적인 프레젠테이션 방법이다.

2 프레젠테이션 기획

(1) 먼저 종이 위에 연필로 전체 구상을 스케치 한다.

프레젠테이션은 그 목적에 따라 설득형 프레젠테이션, 설명형 프레젠테이션, 교육형 프레젠테이션, 인터테인먼트형 프레젠테이션 등으로 구분 할 수 있다. 이 가운데서 가장 중요하고 높은 수준으로 준비해야 하는 것은 설득형 프레젠테이션이다고 할 수 있다. 따라서, 이 장에서는 주로 설득형 프레젠테이션에 초점을 맞추어 설명한다. 다른 범주의 프레젠테이션도 기본적으로 동일한 형식과 방법을 갖는다.

프레젠테이션을 준비하려 할 때 처음부터 파워포인트로 슬라이드를 작성하는 경우가 많은데, 처음부터 파워포인트로 구체적인 슬라이드를 작성하다보면 전체적인 논리적 흐름이나 이야기 전개(storytelling)를 놓치기 쉽다. 따라서, 컴퓨터를 켜지 말고, 먼저 종이 위에 연필로 전체적인 윤곽과 흐름을 스케치 한다.

> 프레젠테이션 준비는 먼저 종이 위에 전체적인 흐름을 스케치 하는 것으로 시작한다.

이 과정에서는 각 슬라이드에 대한 구체적인 자료나 그림 등은 준비하지 않아도 된다. 특정 그림이 필요하면 연필로 대강 그리면 된다. 중요한 것은 프레젠테이션 전체 흐름에 대한 윤곽을 결정하는 것이다.
제품 소개나 사업 설명회, 기획안 발표회 등은 보통 20분 정도로 발표한다. 왜냐하면 사람은 20분이 지나기 시작하면 집중도가 점점 저하되기 때문이다. 프레젠테이션은 그 순서가 일률적으로 정해진 것은 아니지만 아래와 같은 순서가 효과적이다. 아래의 절차에 따라서 먼저 연필로 전체의 흐름을 스케치 한다.

목표(주제)	⇨	소주제	⇨	소주제에 대한 방법이나 증거	⇨	결론

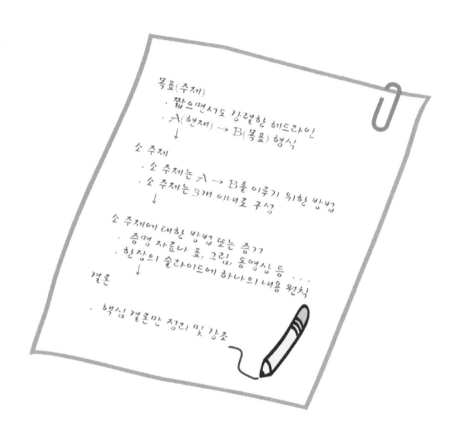

(2) 목표(주제) 선정

목표(주제) 선정 단계는 아래와 같이 4장의 슬라이드로 구성하는 것이 효과적이다.

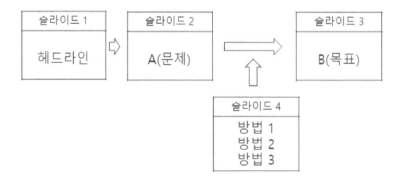

슬라이드 1(헤드라인): 짧고 강렬한 헤드라인

첫 번째 슬라이드에는 이 프레젠테이션의 목표(주제)를 담는 슬라이드이다. 프레젠테이션의 목표나 주제는 발표자가 임의로 선정하는 경우도 있고, 신제품 소개처럼 발표 목적에 따라 미리 결정되는 경우도 있다. 어떤 경우이든지 목표나 주제가 결정되면 그 목표나 주제에 맞는 강렬한 헤드라인을 결정하는 것은 무엇보다도 중요하다. 프레젠테이션은 헤드라인을 중심으로 전개되어야 메시지를 효과적으로 전달할 수 있다. 이 헤드라인을 어떻게 정하느냐에 따라서 프레젠테이션 전체에 대한 청중의 관심도가 달라질 수 있다. 종종 발표자들은 발표하려는 목표(주제)의 핵심을 한 문장으로 설명하지 못하는 경우가 많다. 적절하고 강렬한 헤드라인이 없으면 발표하는 동안 핵심 메시지를 일관되게 전달하기가 거의 불가능하다. 그러므로 헤드라인은 프레젠테이션의 목표/주제를 명확히 하면서도 청중에게 강렬한 인상을 줄 수 있는 것으로 정해야 한다.

프레젠테이션을 가장 흥미롭고 설득력 있게 했던 스티브 잡스는 프레젠테이션을 할 때마다 이 헤드라인을 잘 활용하여 애플제품에 대한 강렬한 인상을 청중에게 심어줄 수 있었다. 아래 표는 애플의 스티브 잡스, 마이크로소프트의 빌 게이츠, 스타벅스의 하워드 슐츠가 프레젠테이션에서 사용하였던 헤드라인이다.

헤드라인	출처
"세계에서 가장 얇은 노트북"	맥북 출시 때 스티브 잡스의 프레젠테이션의 슬라이드 첫 장
"1000곡의 노래를 호주머니에"	아이팟 출시 때 스티브 잡스의 프레젠테이션의 슬라이드 첫 장
"모든 책상, 모든 가정에 PC가 놓일 것입니다"	마이크로소프트 빌 게이츠 프레젠테이션
"스타벅스는 집과 직장 사이에 존재하는 제3의 공간을 창조합니다"	스타벅스 CEO 하워드 슐츠가 투자자들에게 한 프레젠테이션

제품 발표 시마다 그 제품의 다양한 특징이나 기능이 있겠지만, 위의 예에서 볼 수 있듯이 한 줄짜리 헤드라인을 사용하여 제품의 장점을 청중에게 강렬하게 전달하고 있는 것을 알 수 있다. 이런 강렬한 헤드라인은 투자자를 설득하여 투자를 유치하거나 청중의 마음을 움직여 매출을 증가시키는데 결정적인 역할을 한다.

첫 슬라이드는 프레젠테이션을 대변할 강렬한 헤드라인을 넣는다.

프레젠테이션을 준비하면서 발표하려는 신제품이나 사업 아이디어에 여러 가지 장점이 있을지라도 처음부터 이 장점들을 모두 설명하려하지 말고 이들을 잘 대변할 수 있는 한 줄짜리 헤드라인을 사용하는 것이 훨씬 효과적이다. 이는 신문의 기사제목이 어떻게 작성되느냐에 따라 그 기사를 읽는 독자의 수가 달라지는 것과 같다. 아래의 헤드라인을 비교해보라. 헤드라인에 따라서 청중의 마음에 그려지는 이미지가 얼마나 달라지는지를 알 수 있다.

전달력이 떨어지는 헤드라인	효과적인 헤드라인
"무게가 0.18kg 밖에 안되지만 5GB의 저장 용량에 애플의 편의성까지 갖춘 새 휴대용 MP3 플레이어"	⇨ "1000곡의 노래를 호주머니에"
"중앙 센터에 가지 않고도 자료를 처리하고 업무를 볼 수 있는 컴퓨터 환경"	⇨ "모든 책상, 모든 가정에 PC를!"
"여러가지 커피도 마시고 음악도 듣고 친구도 만날 수 있는 커피전문점"	⇨ "스타벅스는 집과 직장 사이에 존재하는 제3의 공간을 창조합니다"

따라서, 프레젠테이션을 준비할 때는 주제나 목표를 핵심적으로 전달 할 수 있는 한 줄 짜리 강렬한 헤드라인을 슬라이드 1에 작성한다. 만일 어떤 회사의 매출이 지속적으로 감소하여 조만간 적자가 예상된다고 할 때 임직원들을 설득하는 프레젠테이션에서 다음과 같은 헤드라인을 작성할 수 있다.

슬라이드 1

변화 없이 미래 없다!

슬라이드 2~3(A→B): 상태 A와 상태 B를 간단하고 명료하게 비교 제시

헤드라인을 결정한 후에는 A→B 기법이 효과적이다. A→B 기법은 "A상태"에서 "B상태"로 변화하는 것을 지칭하며, A는 주로 현재의 상태, 현재의 문제점, 해결하고자 하는 문제점 등을 나타내며, B는 주로 추구하고자 하는 목표점, 미래의 상태, 문제가 해결된 상태 등을 나타낸다. 이렇게 프레젠테이션 초반에 이 프레젠테이션에서 보여주고자 하는 전체적 내용을 압축하여 제시함으로써 청중에게 문제가 해결된다는 강렬한 인상을 심어 줄 수 있다.

상태 A와 상태 B를 표현하는 예는 다음과 같다.

상태 A	상태 B
● 현재 매출이 줄고 있어 내년부터는 적자가 예상된다. ● 현재 생산수율이 82%로 손실이 크다. ● 경쟁업체에서 신제품을 개발하려한다. ● 업무 혁신이 없으면 참담한 실패가 예상된다. ● 뭔가 하지 않으면 졸업 후 취업이 어려울 것이다. ● 현재의 영어공부방법으로는 진전이 없다. ● 스마트하지 않은 스마트폰	● 매출 200% 달성 ● 생산수율 95% 달성 ● 시장 선도하는 신제품 개발 ● 업무 혁신으로 경쟁력 향상 ● 2년 후 원하는 취업달성 ● 6개월 후 TOEIC 900점 달성 ● 인터넷, 전화, 음악, 업무 등 모든 일을 손안에서 처리!

이 단계에서 효과적인 슬라이드를 작성하려면 슬라이드에 담고 싶은 내용을 간단한 사진이나 그림으로 표시한다. 텍스트는 가능한 생략하거나 간단한 핵심단어만을 사용하는 하는 것이 중요하다. 예를 들면 아래와 같은 A상태, B상태를 표현하고 싶다고 하자.

A	B
3년 전부터 매출이 점점 줄고 있으며, 시장 점유율도 계속 떨어지고 있어 이 상태로 계속 가면 내년부터는 적자가 예상된다.	안정적인 수익을 창출하고 시장 변동에 능동적으로 대처하기 위해서는 매출을 현재 수준 대비 200%로 끌어올려야 한다.

위와 같은 A, B를 슬라이드로 효과적으로 표현하려면 다음과 같이 간단한 차트가 효과적이다.

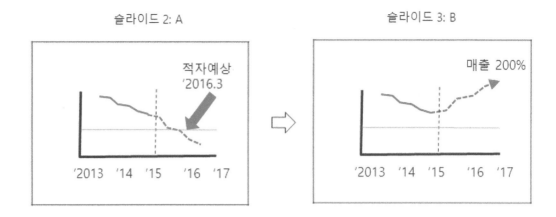

슬라이드 2에서는 현재의 상태나 문제점을, 슬라이드 3에서는 미래의 상태나 목표를 명료하게 표시하여 이 둘을 대비시킨다.

슬라이드 4: 해결 방법(또는 주장에 대한 증거) 제시

슬라이드 4는 A에서 B로 가기 위해서는 어떤 방법(또는 주장에 대한 증거)들이 필요한지를 제시하는 슬라이드이다. 사전 조사를 통하여 A→B를 이루기 위한 방법(또는 주장에 대한 증거)들이 많이 있다고 하더라도 이 가운데 핵심적인 것 3 ~ 4가지만 세부주제로 제시한다.

세부주제를 3~4가지로 함축하는 이유는 다음과 같다. 인간은 단기 기억에 저장할 수 있는 단위 기억의 개수는 7개 정도인데, 이 가운데 쉽게 떠올릴 수 있는 정보의 수는 3~4개이다. 제품의 장점이 많다고 하여 그 모든 장점을 프레젠테이션에 포함시켜 나열형으로 발표하면 자칫 앞에 발표한 장점이 잊혀지거나 그 중요도가 감소되기 쉽다. 따라서 청중의 머리 속에 있는 로드맵에서 세부 주제가 동시에 활성화 된 상태로 남아 있게 하려면 세부 주제의 개수를 3~4개로 제한하는 것이 효과적이다. 물론 이 슬라이드에 포함시키지 않은 제품의 특징이나 장점들은 따로 자료로 만들어 배부하거나 발표자가 발표하는 도중에 잠간 언급하는 것으로 충분하다.

슬라이드 4에서 제시하는 방법(또는 주장에 대한 증거)들을 가능한 하나의 슬라이드에 모아서 제시한다. 앞에서의 A→B를 이루기 위한 방법이 다음과 같다고 하자.

1) 품질수준(quality)을 현재보다 10% 이상 향상시켜야 한다.

2) 고객 불만사항이 경쟁업체보다 많아서 재구매 고객이 지속적으로 줄어들고 있으므로 고객 만족도를 혁신적으로 향상시켜야 한다.

3) 시장을 확장하는 방안으로 국내 시장이 포화상태에 도달했으므로 해외시장 개척이 필요하다.

이 내용을 슬라이드 4에서는 아래와 같이 작성 할 수 있다.

슬라이드 4

방법 1) → Q10
방법 2) → 만족하고 있는 고객
방법 3) → 수출 장면

3가지 방법들을 슬라이드 상에서 표현하는데 있어서 텍스트로 자세히 서술하지 않고 텍스트의 핵심 의미를 짐작할 수 있는 간단한 그림 3개를 사용하여 표현한 것에 주목하자. 이렇게 작성한 후에 프레젠테이션 할 때 텍스트의 내용을 구두로 설명하는 것이 훨씬 청중의 기억에 더 남는다. 구체적인 설명은 파워포인트의 발표자 노트에 기록한 후 발표 때 활용하면 된다. 물론 상황에 따라서 각각의 그림 위쪽에 각 항목에 해당하는 핵심단어를 추가하는 것도 가능하다.

슬라이드 4에서는 A→B로 가는 방법을 3~4개 이내로 압축하여 간단명료하게 제시한다.

성공적인 프레젠테이션이 되려면 청중의 몰입도가 필수적이다. 프레젠테이션을 듣는 청중은 A→B로 변화하는 것에 대해 어떤 형태로는 관여되어 있는 사람들이다. 여기에서 중요한 것은 A→B로 변화하는 과정에서 청중들도 일정한 역할이 있음을 강조해야 한다는 점이다. 위 예에서는 회사 내의 각 부서 임직원들이 3가지 방법을 실천하는 과정에 구체적으로 관여되어 있음을 확인시키는 것이 중요하다. 즉, 프레젠테이션 내용이나 진행과정에서 청중들의 역할이 있을 때 청중들은 흥미와 관심을 가지고 이 프레젠테이션에 능동적으로 참여하게 된다. 청중의 참여는 성공적인 프레젠테이션의 필수 요소이다.

> 슬라이드 4를 설명하는 과정에서 청중의 역할을 구체적으로 제시하고 강조하라.

(3) 세부주제 : 슬라이드 5, 6, 7에서 각 해결 방법에 대한 구체적인 실천 방안 제시

앞 슬라이드 4에서는 A→B를 이루기 위한 3가지 방법(또는 주장에 대한 증거)을 제시하였다. 앞에서 제시한 3가지 방법들에 대한 구체적인 실천방안(또는 증거에 대한 자세한 설명)을 슬라이드 5, 6, 7에 하나씩 작성한다. 즉, 첫 번째 방법에 대한 구체적인 실천방안은 슬라이드 5에, 두 번째 방법에 대한 구체적인 실천방안은 슬라이드 6에, 세 번째 방법에 대한 구체적인 실천방안은 슬라이드 7에 작성한다. 만일 슬라이드 4에서 4가지 방법이 제시되었다면 슬라이드 5, 6, 7, 8에서 구체적인 실천방안(또는 증거에 대한 자세한 설명)을 작성하게 될 것이다.

대부분의 프레젠테이션은 주제선정(위에서 슬라이드 1~4)다음에 세부 주제(또는 주장에 대한 증거)가 나오게 된다. 신제품 소개 프레젠테이션이라면 그 제품의 주요 장점이 세부 주제가 될 것이다. 기획안 소개 프레젠테이션이라면 주요 기획 항목과 그 각각의 장점이 세부주제가 될 것이다. 투자 유치 프레젠테이션이라면 아이디어의 구체적인 내용과 그 장점이 세부 주제가 될 것이다.

세부 주제를 작성할 때는 각 주제 안에 다음과 같은 사항들이 순차적으로 전개되어야 한다. 즉, 1) 무엇이 문제인가?(왜 필요한가?), 2) 해결 방법은 무엇인가? 3) 장점은 무엇인가? 이다.

① 무엇이 문제인가?

이 부분은 청중이 이 프레젠테이션에 집중해야만 하는 이유를 제시하는 중요한 부분이다. 청중에게 흥미나 이익을 줄 수 있는 내용으로 구성하여야 한다. 일반적으로 기존 제품의 문제점이나 한계 등을 지적한다. 애플이 아이폰을 출시할 때 스티브 잡스는 다음과 같은 내용으로 기존 스마트폰 제품들의 문제점을 지적하는 것을 보게 된다.

아이폰 출시 때 스티브 잡스가 기존 스마트폰에 대한 문제점을 지적한 장면

우리는 시장에 나와 있는 모든 스마트폰을 조사했다.
현재 판매되고 있는 스마트폰은 휴대전화 기능에 이메일과 미숙한 인터넷 기능을 약간
더한 것이다. 문제는 스마트폰이 이름만큼 "똑똑"하지도 않고 사용하기 어렵다는 것이
다. 여러분도 알다시피 사용하기가 정말 불편하다. 그래서 우리는 기존 휴대폰보다 훨
씬 똑똑하고 사용하기가 편한 획기적인 제품을 만들고 싶었다.

이렇게 문제점을 설명하게 되면 청중들은 "아! 뭔가 새로운 것이 필요하구나."라는 생각
을 갖게 된다. 물론 위 내용을 청중에게 설명하는 동안 위 내용을 그대로 슬라이드에 작성한
것이 아니라 아래와 같이 간단한 슬라이드 3장을 보여주었다.

이와 같이 발표자의 말을 모두 슬라이드로 옮기는 것이 아니라 핵심적인 사항만을 슬라
이드에 작성해야 효과적이다. 스티브 잡스가 할 말을 모두 슬라이드에 적어 놓고 프레젠테
이션 할 때 읽는다고 상상해보자. 청중들은 슬라이드에 빼곡히 적혀있는 글을 읽는데 지루
해하고 그 결과 강렬한 인상도 받지 못할 것이다. 인터넷에서 스트브 잡스의 아이폰 발표 동
영상을 참조해 보자.

② **해결 방법은 무엇인가?**
문제점을 지적한 후에는 구체적인 해결방법을 제시한다. 스티브 잡스는 기존 스마트 폰
의 문제점을 하나 하나 지적하면서 이를 해결할 수 있는 대안으로 혁신적인 사용자 인터페
이스를 갖춘 아이폰을 소개한다.

스티브 잡스가 기존 스마트폰 문제점을 해결할 수 있는 방안을 제시하는 장면

기존 모든 제품이 사용하든 사용하지 않든지 제품 하단 40%에 키보드를 달고 있다.
→ 우리는 이것을 없애버리고 꼭 필요할 때만 나타나도록 했다.

기존 제품은 스타일러스를 사용했다.
→ 가지고 다니기 불편하고 사용하기도 불편하다. 아무도 원하지 않는다. 우리는 이것을 누구나 가지고 있는 손가락으로 자연스럽게 할 수 있도록 했다.

    스티브 잡스는 기존 제품들을 사진으로 나열하고 거기서 나타나는 문제점을 청중과 함께 지적한다. 그 후 그 문제점들을 해결할 수 있는 방법을 제시한다. 스티브 잡스의 프레젠테이션에서 그가 한 설명이 슬라이드에 텍스트로 나타나지 않았음을 확인해보자. 이처럼 슬라이드를 작성할 때는 말하려고 하는 문장 전체를 슬라이드에 옮겨 쓰지 말고 핵심적인 그림이나 단어 몇 개만을 사용하는 것이 효과적이다.

③ 장점은 무엇인가?

    해결책을 제시한 후 이 해결책이 갖는 장점을 소개한다. 장점을 소개할 때는 청중들의 관심을 불러 일으킬 수 있는 항목만을 소개한다. 기술적인 진보가 있었다고 해서 청중에게 기술적으로 자세하게 설명할 필요는 없다. 그런 기술적인 자료는 전문적인 엔지니어에게 따로 제시하면 된다. 청중들은 이것이 나에게 무슨 도움이나 이익이 되는가에만 관심이 있으므로 청중의 흥미를 불러 일으킬만한 장점들을 3~4가지만 소개한다. 장점이 많다고 있는 것을 모두 소개하면 자칫 산만해져서 발표자가 강조하고자 하는 핵심적인 장점을 청중에게 전달하기 어렵다. 아이폰 발표 동영상에서 스티브 잡스가 아이폰의 장점을 몇 개나 소개하는지 확인해 보자.

앞의 예를 이어서 슬라이드를 작성하면 다음과 같은 구조를 갖게 될 것이다.

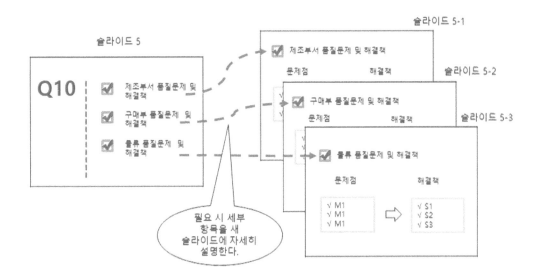

슬라이드 5에서는 품질수준 10% 향상을 Q10으로 표현하고 이를 달성하기 위해 해결해야 할 문제점과 해결책을 3가지로 요약하였다. 이렇게 한 후 각 문제점과 해결책에 대한 구체적인 실천방안에 대하여 그림과 같이 하나의 슬라이드에 따로 제시한다(슬라이드 5-1, 5-2, 5-3). 이들 슬라이드에서 각 항목을 작성할 때 가능하면 서술식을 지양하고 핵심단어나 숫자, 또는 해당 항목을 잘 대변 할 수 있는 그림이나 사진을 사용하는 것이 청중이 기억하는데 도움이 된다. 물론 슬라이드 5에서 발표자가 원하는 바를 다 설명할 수 있다면 5-1, 5-2, 5-3은 생략해도 된다.

마찬 가지로 슬라이드 6, 7 그룹도 아래와 같은 형식으로 작성한다.

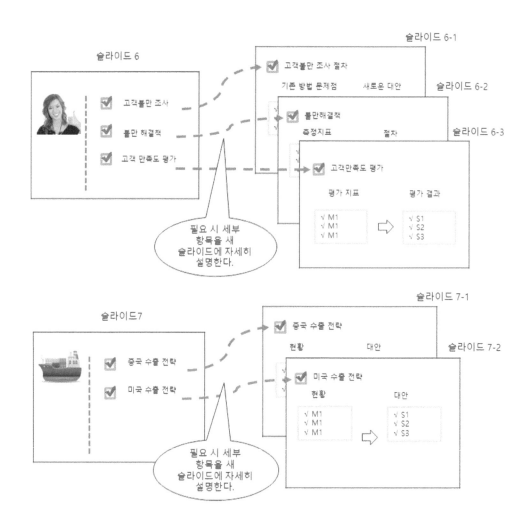

(4) 주요 결론

일반적으로 프레젠테이션 마지막 부분에서는 이제까지 발표한 내용 중 핵심사항을 요약하여 결론을 맺는다. 그러나 핵심 주장을 반드시 맨 마지막에 위치시킬 필요는 없다. 프레젠테이션에서는 초두효과(primary effect)와 최근효과(recency effect)를 활용한다.

초두효과는 미국의 심리학자 솔로몬 애쉬가 밝힌 것으로 그는 실험 참가자에게 가상 인물의 성격을 묘사하는 형용사를 나열해 제시하고, 그 후 그 인물에게서 어떤 인상을 받았는지 조사하였다.

첫 번째 실험에서는 "똑똑하고, 근면하고, 충동적이고, 비판적이고, 고집이 세고, 질투심이 강함"의 순서로 제시했고, 두 번째 실험에서는 위 형용사들의 순서를 반대로 하여 제시하였다. 실험 분석 결과, 긍정적인 형용사를 먼저 제시한 가상 인물에 대해서는 실험 참가자들이 호의적인 느낌을, 부정적인 형용사를 먼저 제시한 가상 인물에 대해서는 실험 참가자들이 싫어하는 느낌을 갖는 것으로 나타났다. 즉, 먼저 나온 단어에 영향을 많이 받는다고 하여 이를 초두 효과라 한다. 반면에 인간은 최근의 정보를 생생히 기억하는 경향이 있는데 이를 최신 효과라고 한다.

초두효과	먼저 제시된 정보가 그 이후에 제시된 정보보다 더욱 큰 영향을 미치는 효과
최근효과	가장 마지막(최근)에 나온 단어를 더 잘 기억하는 효과

따라서, 프레젠테이션에서 핵심 사항을 주장할 때 청중에게 강한 인상을 주고 싶다면 프레젠테이션 처음에 핵심사항을 담는 두괄식을 사용한다. 프레젠테이션 내내 흥미를 지속시키고 싶다면 프레젠테이션 맨 마지막에 핵심사항을 넣는다. 주장을 강조하려면 맨 처음과 맨 마지막에 모두 핵심사항을 담는 양괄식이 효과적이다.

인간은 보통 학습 종료 후 10분이 지나면 그 내용을 망각하기 시작하여 1시간이 지나면 학습량의 56%를, 하루가 지나면 70%를, 한 달이 지나면 80%를 망각한다. 따라서 강조하고 싶은 핵심 사항은 결론에서 다시 반복하여 강조할 필요가 있다.

결론에서는 다음과 같은 사항을 포함 시킨다.

① 프레젠테이션 내용을 요약하되 핵심 내용만을 정확히 확인해 준다.
② 핵심 내용이나 주장을 뒷받침하기 위한 증거를 확인시켜준다.
③ 헤드라인이나 의미 있는 인용 문구를 사용하여 마무리한다.

위의 원칙에 따라 아래와 같은 결론 슬라이드를 작성할 수 있다.

슬라이드 8

3 프레젠테이션 슬라이드 작성 시 주의사항

이 절에서는 흥미롭고 설득력 있는 프레젠테이션을 하는데 필요한 슬라이드 작성법을 소개한다. 여기에서는 설득형 프레젠테이션을 중심으로 설명한다.

(1) 글머리 목록에 관하여

많은 사람들이 슬라이드를 작성할 때 한 슬라이드에 담아야 할 내용이 많으면 글머리를 사용하여 작성한다. 그러나 글머리 목록이 많으면 청중에게 지루한 감을 준다. 따라서 설득형 프레젠테이션에서는 아래 그림에서 보는 바와 같이 왼쪽 슬라이드처럼 글머리를 사용하지 말고 오른쪽 슬라이드처럼 중요한 사항을 3~4개로 압축하여 작성하는 것이 인상적이다. 두 개의 슬라이드 중 어느 슬라이드가 더 강렬한 인상을 주는지 비교해 보라. 오른쪽 슬라이드는 비록 글머리가 없더라도 슬라이드가 그 내용을 스스로 설명하고 있다. 오른쪽 슬라이드에서 빠진 항목들은 유인물이나 발표 시 구두로 간단히 이야기 하면 된다.

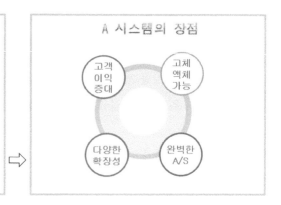

이런 원칙들은 어디까지나 설득형 프레젠테이션에 적용되는 원칙이다. 단순한 정보전달이나 기술적인 자료 설명, 논문 등의 발표에서는 사실을 정확히 전달하는 것이 중요하므로 글머리를 사용하여 나열형으로 작성하는 것도 가능하다.

(2) 시각화에 관하여

회사를 소개하는 프레젠테이션에서 회사의 연혁을 아래와 같이 발생한 사건을 시간 순으로 서술적으로 작성하는 경우가 많다.

그러나 이런 형태의 슬라이드는 다음과 같은 몇 가지 문제점이 있다.

첫째, 텍스트가 서술형으로 되어 있어 글자가 많아 청중들이 읽기 곤란하다. 따라서 청중들은 읽기를 포기하고 프레젠테이션에 흥미를 잃게 된다.

둘째, 글머리가 많아 전체적으로 지루한 느낌을 갖게 한다.

셋째, 시간적으로 진행되는 사건임에도 불구하고 한 눈에 알아보기 곤란하게 작성되어 있다.

넷째, 이렇게 작성된 슬라이드를 프레젠테이션 때 순차적으로 읽어나가면 청중은 지루해 한다.

이런 형태의 슬라이드는 다음과 같은 원리를 바탕으로 수정한다.

첫째, 서술형 텍스트를 간단명료한 핵심 단어로 바꾸어 청중이 한눈에 알아 볼 수 있도록 한다.

둘째, 11개의 글머리는 3~4개로 줄이거나 아예 글머리를 없애고 그림으로 작성한다.

셋째, 시간의 흐름에 따른 사건이므로 도표로 바꾸어 작성한다.

넷째, 프레젠테이션 시 슬라이드에 있는 내용을 모두 발표 할 필요는 없다. 청중이 눈으로 한 번 보면 되는 내용은 굳이 구두로 설명하지 않는 것이 좋다.

앞의 원리를 적용하면 위 슬라이드를 다음과 같이 시각화 할 수 있다.

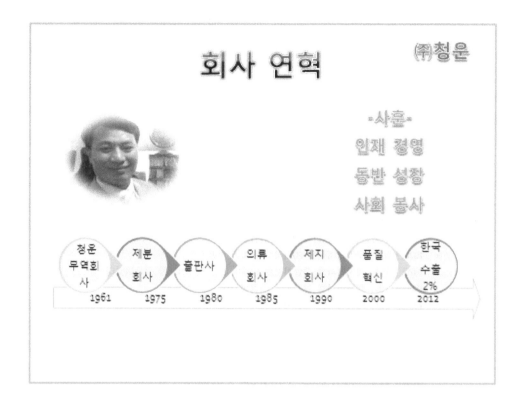

두 슬라이드를 비교해 보라. 어느 슬라이드를 청중들이 쉽게 이해하겠는가? 첫 번째 슬라이드는 읽다가 지루하여 슬라이드에 있는 정보를 놓쳐 버릴 가능성이 높다. 두 번째 슬라이드는 한 눈에 시간에 따른 변화를 알아 볼 수 있을 것이다. 당연히 두 번째 슬라이드가 청중의 뇌에 강한 인상으로 오래 남아 있을 것이다. 두 번째 슬라이드에서는 청중에게 중요하지 않다고 생각되는 항목 4개를 생략하고 작성한 것을 확인하라. 생략한 것 중 필요한 것이 있으면 발표할 때 구두로 첨가하면 된다. 이처럼 여러 항목을 하나의 슬라이드에 작성할 때는 핵심적인 사항만을 간단하게 시각화 하여 작성하는 것이 중요하다.

더욱 중요한 사항은 두 번째 슬라이드를 발표할 때에도 7개의 항목을 모두 발표하지 말고 이 가운데 더욱 중요한 2~3개만 구두로 발표하는 것이다. 예를 들면 위 슬라이드에서는 2000년에 품질혁신을 성공적으로 이룬 것과 2012년에 한국 수출의 2%를 차지하게 된 것을 들 수 있다. 나머지 항목은 청중들이 눈으로 보면 된다. 7개의 항목을 모두 설명하면 청중들은 지루하게 되고 이로 인해 발표자가 전달하기 원하는 핵심정보를 수용하기 어렵게 된다.

프레젠테이션 할 때 슬라이드의 내용을 그대로 읽지 않는다. 슬라이드 내용 중 핵심 사항만을 이야기 한다.

(3) 표와 차트에 관하여

통계자료는 프레젠테이션에서 주장을 뒷받침하는데 자주 사용된다. 프레젠테이션을 할 때 숫자나 통계 자료를 인용하여 설명하면 청중들에게 보다 높은 신뢰감을 줄 수 있다. 그런데, 숫자나 통계를 표나 차트로 슬라이드에 구현할 때에는 다음과 같은 사항을 주의하여야 한다.

첫째, 숫자나 통계가 복잡할 때에는 표보다는 차트로 정리하는 것이 전달력이 높다. 차트가 한 눈에 많은 정보를 전달하는데 유리하기 때문이다.

둘째, 차트를 작성할 때에는 차트가 복잡해지지 않도록 분류기준을 단순화하여 정리하는 것이 좋다. 예를 들면 과거 100년간의 변화를 차트로 나타낼 때 100년 동안 모두를 1년 단위로 표시하지 말고 5년이나 10년 단위로 묶어서 표시하면 훨씬 보기 좋다. 물론 반드시 1년 단위로 작성해야 의미가 있는 경우는 1년 단위로 하여야 한다.

셋째, 숫자는 구체적이고 정확한 수치가 필요한 경우가 아니라면 이해하게 쉽게 간단히 표시한다. 예를 들면, 매출액을 "2,089,000 달러"로 표시하는 것 보다는 "200만 달러"로 표시하는 것이 쉽게 눈에 들어온다. 연도별 증감액을 표시할 때는 2011년 850만 달러, 2012년 1,045만 달러로 표시하는 것보다는 "매출액 전년대비 23% 증가"와 같은 형태로 표시하는 것도 하나의 방법이다. 물론 구체적인 숫자가 필요한 상황에서는 정확하게 제시할 필요도 있다.

넷째, 차트 작성 시 항목은 가능하면 4~5가지(최대 7가지 이내)로 줄이고 중요도가 낮은 항목은 기타 항목으로 묶어서 처리하는 것도 효과적이다. 단, 숫자나 통계자료는 신뢰성을 높이기 위하여 출처를 밝히는 것이 좋다.

다음 두 슬라이드를 비교해보자.

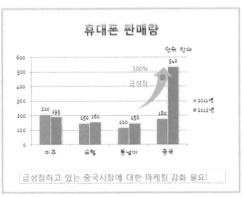

위의 두 슬라이드를 비교 해보면 차트가 상대적인 판매량이나 증가분을 한 눈에 알아보기 쉽다는 것을 알 수 있다. 따라서 특별한 경우 이외에는 표 보다는 차트로 슬라이드를 구성하는 것이 효과적이다.

표와 차트를 사용할 때에는 자세한 정보 보다는 한눈에 알아볼 수 있는 방식으로 표현하는 것이 효과적이다.

(4) 슬라이드에 사용하는 클립 아트와 사진에 대하여

내용과 잘 맞는 클립 아트는 경우에 따라서 슬라이드를 이해하는데 도움을 줄 수도 있지만 대부분의 경우 청중의 이해도에 도움을 주지 못한다. 따라서 꼭 필요한 경우가 아니라면 클립아트는 사용하지 않는 편이 좋다.

프레젠테이션 내용과 잘 어울리는 한 장의 사진은 프레젠테이션의 격을 높여준다. 그러나 사진은 발표하고자 하는 내용을 함축적으로 담고 있는 것을 사용해야 한다. 발표 주제를 함축적으로 담지 못하는 사진은 오히려 오해만 불러온다. 또한, 사진을 넣을 때는 가능한 한 주제가 잘 부각되도록 단순한 사진을 넣는다.

아래의 3개의 사진을 비교 해 보자. 첫 번째 사진은 사과를 찍은 것인데 주제가 "사과"인지, "농장"인지, "농부"인지 직감적으로 알기 어렵다. 두 번째 사진은 첫 번째 사진에서 사과 부분만을 확대하여 수정한 사진이다. 세 번째 사진은 사과만을 도려내 이미지 작업한 것이다. 이 사진은 사과에 대한 강한 이미지를 보여주고 있다. 사과를 주제로 프레젠테이션을 준비할 때 어떤 이미지가 효과적인지는 쉽게 알 수 있다. 사진은 종종 불필요한 정보를 담고 있는 경우가 많다. 따라서 핵심적인 정보만을 담은 사진을 사용하는 것이 효과적이며, 이렇게 하면 프레젠테이션 할 때 강력한 인상을 줄 수 있다.

사진을 사용할 때에는 자세한 정보 보다는 대상의 특징이 강조 된 단순한 사진이 강렬한 인상을 준다.

다음은 필요한 이미지를 공유하고 다운 받을 수 있는 사이트이다.

- www.animationfactory.com
- www.everystockphoto.com
- www.photopy.com
- www.flickr.com
- www.sxc.hu
- www.istockphoto.com
- www.deviantart.com
- www.morguefile.com

1   Power Point에서는 다양한 서식을 제공하고 있다. [파일]-[새로 만들기]에서 "시차"을 사용하여 여러분의 주제를 정한 후 사업계획서를 작성해 보자.

2   Microsoft Office Online에서는 다양한 서식을 제공하고 있다. [파일]-[새로 만들기]-[온라인 서식 파일 및 테마검색]에서 "신제품"을 검색하여 서식을 내려 받은 후 화장품 신제품 소개 프레젠테이션을 작성해 보자.

3   스티브 잡스와 빌 게이츠의 프레젠테이션 동영상을 인터넷에서 찾아보고 두
     발표자의 공통점과 차이점을 알아보자.

4   여러분이 특허를 낸 신개념의 가정용 청소기가 있다고 하자. 이 청소기는 기
     존의 청소기에 비해 소음을 50% 수준으로 혁신적으로 줄였으며 흡입력은
     120%로 더 강하다. 제품의 크기는 기존의 80% 수준으로 줄일 수 있으며 전
     력소모는 기존의 75% 수준이다. 핵심장치인 흡입모터의 수명도 기존의
     150%이다. 무게도 기존의 80% 수준이며 유아나 애완동물이 접근하면 자동
     으로 멈추는 기능이 있다. 다만 제조 원가가 기존 청소기에 비해 300% 수준
     이다. 또, 수명 후 폐기 시 재활용 가능 부품이 기존의 50% 수준이다. 기타의
     사양은 여러분이 가정하여 결정한다.
     제품을 본격적으로 생산하기 위해서는 자금이 필요하여 여러 투자자들 앞에
     서 자신의 제품을 프레젠테이션 하고자 한다. 이 때 이 장에서 설명한 슬라이
     드 작성 원칙에 따라 슬라이드 1부터 슬라이드 8까지를 작성해 보자. 또, 각
     슬라이드에서 설명할 발표자 노트의 내용도 작성해 보자. 필요한 사진은 앞
     에서 제시한 무료 사이트에서 검색하여 작성한다.

파워포인트 2016 완성

1판 1쇄 인쇄 2019년 02월 20일
1판 1쇄 발행 2019년 02월 28일
저   자 박철하·이경태
발 행 인 이범만
발 행 처 **21세기사** (제406-00015호)
　　　　　경기도 파주시 산남로 72-16 (10882)
　　　　　Tel. 031-942-7861   Fax. 031-942-7864
　　　　　E-mail : 21cbook@naver.com
　　　　　Home-page : www.21cbook.co.kr
　　　　　ISBN 978-89-8468-830-8

정가 18,000원